essentials

essentials liefern aktuelles Wissen in konzentrierter Form. Die Essenz dessen, worauf es als „State-of-the-Art" in der gegenwärtigen Fachdiskussion oder in der Praxis ankommt. *essentials* informieren schnell, unkompliziert und verständlich

- als Einführung in ein aktuelles Thema aus Ihrem Fachgebiet
- als Einstieg in ein für Sie noch unbekanntes Themenfeld
- als Einblick, um zum Thema mitreden zu können

Die Bücher in elektronischer und gedruckter Form bringen das Expertenwissen von Springer-Fachautoren kompakt zur Darstellung. Sie sind besonders für die Nutzung als eBook auf Tablet-PCs, eBook-Readern und Smartphones geeignet. *essentials:* Wissensbausteine aus den Wirtschafts-, Sozial- und Geisteswissenschaften, aus Technik und Naturwissenschaften sowie aus Medizin, Psychologie und Gesundheitsberufen. Von renommierten Autoren aller Springer-Verlagsmarken.

Weitere Bände in der Reihe http://www.springer.com/series/13088

Christian Duncker · Lisa Schütte

Trendbasiertes Innovationsmanagement

Ein Modell für markenbasiertes
Produktmanagement

Christian Duncker
Brand Academy Hamburg
Hamburg, Deutschland

Lisa Schütte
Brand Academy Hamburg
Hamburg, Deutschland

ISSN 2197-6708   ISSN 2197-6716   (electronic)
essentials
ISBN 978-3-658-19870-1   ISBN 978-3-658-19871-8   (eBook)
https://doi.org/10.1007/978-3-658-19871-8

Die Deutsche Nationalbibliothek verzeichnet diese Publikation in der Deutschen Nationalbibliografie; detaillierte bibliografische Daten sind im Internet über http://dnb.d-nb.de abrufbar.

Springer Gabler
© Springer Fachmedien Wiesbaden GmbH 2018

Gedruckt auf säurefreiem und chlorfrei gebleichtem Papier

Springer Gabler ist Teil von Springer Nature
Die eingetragene Gesellschaft ist Springer Fachmedien Wiesbaden GmbH
Die Anschrift der Gesellschaft ist: Abraham-Lincoln-Str. 46, 65189 Wiesbaden, Germany

Was Sie in diesem *essential* finden können

- Einen Leitfaden für trendbasierte Leistungsentwicklungen
- Strategien für ein antizipatives Produktmanagement von Markenangeboten
- Instrumente zur ganzheitlichen Erfassung von Marktanforderungen an innovative Markenleistungen

Inhaltsverzeichnis

Über die Autoren

Prof. Dr. Christian Duncker ist Leiter des Studiengangs Brand Management an der Brand Academy Hamburg. Seine Forschungsschwerpunkte sind die Themen Marken- und Innovationsmanagement. Prof. Dr. Duncker veröffentlichte bereits eine Vielzahl von Fachpublikationen. Eine Auswahl dessen finden Sie unter: https://www.brainguide.de/Christian-Duncker#publikationen

Lisa Schütte ist als wissenschaftliche Mitarbeiterin am Lehrstuhl für Brand Management von Prof. Dr. Duncker tätig.

Einleitung 1

Einleitend zeigt die Publikation die Relevanz und Aktualität des Innovationsmanagements in der Markenwirtschaft. Im Fokus steht das Dilemma hoher
Flop-Quoten in der Markenwirtschaft, bei gleichzeitiger Erfordernis der Leistungsinnovation. Mittels Trendforschung können Erfolgsquoten deutlich erhöht
werden. Hierfür ist das trendbasierte Innovationsmanagement als kontinuierlicher
Prozess des erfolgsorientierten Markenmanagements zu verstehen.

1.1 Relevanz von Innovationen im Markenmanagement

Eine wachsende Austauschbarkeit der Produkte, fallende Preisniveaus, steigender
Wettbewerbsdruck und die wachsende Reichweite von Handelsmarken setzen das
Management vieler Markenunternehmen zunehmend unter Druck (vgl. Hofbauer
2013, S. 31). Markenanbieter sind gezwungen, sich auf der Leistungsebene deut-
licher von anderen Marktteilnehmern zu differenzieren. Dies ist ein wesentlicher
Stellhebel, um die Erfolgschancen ihrer Produkte und mithin auch ihre Erträge zu
steigern (vgl. Leinwand et al. 2017, S. 50; Wolfrum 2013, S. 84).

Hinzu kommen zunehmend verkürzte Produktlebenszyklen, die zusammen
mit dem Bedarf nach Differenzierung zu einer ständig wachsenden strategischen
Bedeutung von Innovationen im Brand Management führen. Marken können sich
insbesondere mittels weiterentwickelter, innovativer Leistungen vom Wettbewerb
abheben und dadurch bei den Zielgruppen eine Vorzugsposition erlangen (vgl.
Bruhn 2014, S. 63 ff.; Duncker 2014, S. 50; Gassmann 2013, S. 1, 7; Großklaus
2014, S. XVI, 17; Trommsdorf und Steinhoff 2013, S. 5). Hierzu bedarf es einer

© Springer Fachmedien Wiesbaden GmbH 2018
C. Duncker und L. Schütte, *Trendbasiertes Innovationsmanagement,*
essentials, https://doi.org/10.1007/978-3-658-19871-8_1

2

1 Einleitung

klaren Unique Selling Proposition (USP), bei der sich eine Marke über eine einzigartige Produktleistung differenziert (vgl. Aumayr 2013, S. 44; Burmann et al. 2015, S. 123).

1.2 Problemfeld Flop-Quoten – das Risiko des Scheiterns

Es ist offensichtlich: Ohne Innovationen haben Markenanbieter kaum eine Überlebenschance. Aber innovierende Unternehmen stehen gleichzeitig auch großen Risiken bei Markteinführungen gegenüber. Die Mehrzahl der Produktneueinführungen in der Markenwirtschaft überlebt nicht einmal zwölf Monate. Die sogenannte Flop-Quote beträgt bis zu 85 % – je nach Wirtschaftsbereich (vgl. Haller und Twardawa 2014, S. 99 f.). Offensichtlich hakt es im Innovationsmanagement vieler Markenanbieter.

In diesem Zusammenhang konnten in den vergangenen Jahren verschiedene Risikofaktoren identifiziert werden. Diese lassen sich dem Markt, dem Umfeld, der Technologie, aber auch dem eigenen Unternehmen, seinen Ressourcen und Kompetenzen zuordnen. In diesen Bereichen können verschiedene Probleme auftreten, welche die potenziellen Ursachen für Flops darstellen (vgl. Hauschildt et al. 2016, S. 45).

Ein wesentlicher Erfolgsfaktor des Innovationsmanagements ist daher die gewissenhafte Analyse aller relevanten Bestandteile des Marktes, insbesondere der Kunden und ihrer Bedürfnisse. Die leistungsbedingte Befriedigung ebendieser Bedürfnisse ist die zentrale Grundorientierung einer markt- und zielgerichteten Entwicklung innovativer Markenangebote. Zudem sind die Arbeitsaufgaben und -abläufe je Unternehmensbereich und Zeitpunkt im Unternehmen klar zu kommunizieren. Kenntnisse z. B. über den Entwicklungsprozess einer Innovationsstrategie und den Innovationsprozess sollten im Unternehmen kommuniziert und angewendet werden (vgl. Gassmann und Sutter 2013, S. 14, 47; Hauschildt et al. 2016, S. 31 ff.; Meffert et al. 2015, S. 374 ff.; Vahs und Brem 2015, S. 87 ff.; Voeth und Herbst 2013, S. 296 ff.; Weinmaier 2016, S. 20).

1.3 Erkennen von Marktopportunitäten durch Trendforschung

Erfolgreiche Innovationen orientieren sich am Markt, respektive an den Wünschen und Bedürfnissen der Konsumenten. Marktorientierung ist bspw. gegeben, wenn Unternehmen ihre Leistungen spezifischen gesellschaftlichen Trends anpassen und auf Basis der hieraus resultierenden Bedürfnisstrukturen neue Produkte entwickeln. Da Trends diese aktuellen und zukünftigen Entwicklungen abbilden, gelten sie als ein wesentlicher Erfolgs- bzw. Einflussfaktor des Innovationsmanagements (vgl. Großklaus 2014, S. XV f.; Horx 2010, S. 1; Leisse 2012, S. 15; Mićić 2007, S. 99 f.).

Um differenzierende Innovationen mit echten Wettbewerbsvorteilen zu entwickeln, sind Informationen über mittelfristige Kundenanforderungen und -bedürfnisse notwendig. Diese werden von verschiedenen Faktoren beeinflusst. Die Trendforschung erkennt rechtzeitig Entwicklungen, aus denen die Einflussfaktoren auf künftige Kundenwünsche abzuleiten sind. Das extrahierte Wissen, u. a. über mögliches zukünftiges Konsumverhalten, kann Unternehmen dabei unterstützen, ihre Strategien und Maßnahmen bereits heute auf die Erfordernisse von morgen auszurichten. Maßnahmen, die auf einer zukunfts- und marktgerichteten Innovationsstrategie beruhen, können die bereits genannten Wettbewerbsvorteile begünstigen, den Absatz des innovierenden Unternehmens steigern und die Marke insgesamt deutlich stärken (vgl. Hofbauer und Wilhelm 2015, S. 13).

Eine weitere Chance ist die bessere Prognose von Absatzchancen für Innovationen, sodass ihr Gewinnpotenzial vor dem Produktlaunch besser antizipiert werden kann. Unternehmen können voraussichtliche Entwicklungen mithilfe verschiedener Trendforschungsinstrumente einschätzen und ggf. rechtzeitig Lösungsmöglichkeiten entwickeln (vgl. Cuhls 2009, S. 207; Gassmann 2013, S. 7; Leisse 2012, S. 15; Meffert et al. 2015, S. 94, 170 ff.).

In bisherigen Modellen des Innovationsmanagements ist die Reichweite und Bedeutung der Trendforschung kaum bis gar nicht erfasst. Relevante, häufig beschriebene Einflussbereiche sind z. B. Kunden, Wettbewerber, Politik und Gesellschaft. Bei der Analyse dieser Elemente sollen laut der meisten Innovationsmodelle auch Trends erhoben werden. Beschreibungen der anzuwendenden Methoden und deren Aussagefähigkeiten fehlen in diesem Zusammenhang jedoch überwiegend (vgl. Hauschildt et al. 2016, S. 148 f.; Vahs und Brem 2015, S. 230).

1.4 Innovationsmanagement als kontinuierlicher Prozess des erfolgsorientierten Markenmanagements

Der wesentliche Wettbewerbsvorteil von Markenleistungen besteht in der überdurchschnittlichen Produktqualität und einer hohen Innovativität. Immer schneller übernehmen Handelsmarken und No-Name-Anbieter Lösungsansätze, sobald die entsprechenden Patent- und sonstigen Schutzrechte abgelaufen sind. Spätestens zu diesem Zeitpunkt sollte der Markenanbieter wieder über neue innovative

Leistungsansätze verfügen, die bei den Konsumenten auch eine höhere Zahlungs-
bereitschaft hervorrufen. In diesem Sinne ist Innovationsmanagement ein kontinuierlicher Prozess, der mit der Emission eines Neuprodukts nicht zu Ende ist.
Ganz im Gegenteil: Bereits bei der Einführung eines innovativen Neuprodukts
muss in den beteiligten Unternehmenseinheiten bereits an neuen, noch innovati-
veren Lösungen gearbeitet werden – und nicht erst zum Abflachen des Produktle-
benszyklus hin. In einer „Innovationspipeline" (vgl. Müller und Schroiff 2013,
S. 60 f.) halten Unternehmen neue Produkte und Technologien vor, um sie zu
einem ausgewählten Zeitpunkt einzusetzen. Ein ausgewählter Einsatz der Innovationen ermöglicht, Umsatzlücken zu vermeiden, und verhindert gleichzeitig das
Launchen unausgereifter Produkte. Hierzu bedarf es eines hohen Grades der Anti-
zipation der Marktbedingungen von morgen. Die Informationen hierzu kommen
aus der Markt- und Trendforschung (vgl. Haller und Twardawa 2014, S. 66 f.).

Die vorliegende Publikation bietet eine modellbasierte Herleitung, wie eine
trendbasierte Produktentwicklung zu erfolgreichen Innovationen führt. Die Verknüpfung von Erkenntnissen aus dem Brand Management, dem Innovationsmanagement und der Trendforschung soll einen umfassenden Überblick geben, wie
Innovationsentscheidungen in markenführenden Unternehmen mit Methoden der
Trendforschung künftig besser abgesichert werden können.

Trendforschung im Markenmanagement

2

Dieses Kapitel behandelt die theoretischen Grundlagen der Trendforschung. Es grenzt zunächst verschiedene Termini voneinander ab, geht anschließend auf die Eigenschaften und Ausprägungen von Trends sowie auf die relevantesten Instrumente der Trendforschung ein. Abschließend wird die Relevanz der gewonnenen Erkenntnisse aus der Trendforschung für das Markenmanagement skizziert.

2.1 Definition

Ein Trend ist eine zu beobachtende Entwicklung. Er bezieht sich auf eine Zeitreihe und bezeichnet die Richtung, in die diese sich bewegt (vgl. Simon 2011a, S. 189). In diesem Sinn ist ein Trend statistisch beobachtbar und empirisch erfassbar. Von einem Trend wird angenommen, dass er langfristig von Bedeutung ist und nachhaltigen Einfluss auf Kultur, Gesellschaft oder eine betreffende Branche hat (vgl. Kamps 2016; Raymond 2014, S. 14). Zu betonen ist, dass Trends sich auf die Gegenwart beziehen und aktuelle Gegebenheiten statt zukünftiger Entwicklungen beschreiben, aus denen Trendforscher anschließend Annahmen für ihre Zukunftsprognosen ableiten (vgl. Deckers und Heinemann 2008, S. 55 f.).

Trendforschung
Hauptaufgabe der „Trendforschung" ist, Trends zu erklären und zu beantworten, warum, wo, wie und wann diese stattfinden (Müller und Müller-Stewens 2009, S. 4). Sie dient schließlich dazu, Potenziale und Handlungsoptionen im Markt zu erkennen, auf die sich ein Markenanbieter strategisch ausrichten kann. Aus diesem Grund ist es vor allem im Brand Management zwingend erforderlich, Trends frühzeitig zu erkennen (vgl. Raymond 2014, S. 15; Trommsdorff und Steinhoff

© Springer Fachmedien Wiesbaden GmbH 2018
C. Duncker und L. Schütte, *Trendbasiertes Innovationsmanagement,*
essentials, https://doi.org/10.1007/978-3-658-19871-8_2

2013, S. 260 ff.). Es gilt, sogenannte „Schwache Signale" als Vorboten von relevanten Trends zu erkennen. Diese äußern sich bspw. in Expertenaussagen. Die
Identifikation solcher Signale kann mithilfe verschiedener Instrumente stattfinden. Beispiele sind sogenannte Delphi-Befragungen oder auch Lead-User-Workshops (vgl. Naisbitt und Naisbitt 2016, S. 14; Schwarz 2009, S. 245 f.; Vahs und
Brem 2015, S. 123 f.).

Die Trendforschung bezeichnet außerdem eine Dienstleistungsbranche, in der
Trend- und Zukunftsforscher aktuelle Entwicklungen identifizieren und zukünf-
tige Entwicklungen prognostizieren, um Markenunternehmen u. a. bei der Ent-
wicklung neuer Produkte zu unterstützen (vgl. Becker 2013, S. 964; Future
Candy 2017; Horx 2014, S. 61, 2016; Leisse 2012, S. 10, 15 f.; Zukunftsinstitut
GmbH 2016). Zur Zielgruppe der Trendforscher zählen neben Unternehmen auch
Regierungsbehörden und Stadtverwaltungen (vgl. Horx 2014, S. 64), da auch sie
zukunftsgerichtetes Handeln sicherstellen müssen (vgl. Simon 2011b, S. 19).

Identifiziert die Trendforschung Trends von relevanter Ausprägung, die zu
einer Marke passen, kann die Nutzung dieser ein Erfolgstreiber sein (vgl. Koch
2014, S. 182). Wird z. B. ein sich veränderndes Nutzungsverhalten der Zielgruppe erkannt, kann das Brand Management Innovationspotenzial daraus zie-
hen. Zum Beispiel hören mehr Jugendliche Musik online statt klassischerweise
über eine CD (vgl. MpFS 2016, S. 20 f.). So könnte sich ein CD-Hersteller bei
rechtzeitigem Erkennen des Trends auf den sinkenden Absatz aus dem CD-Ver-
kauf einstellen und sein Geschäftsmodell bzw. Produktportfolio zukunftsgerich-
tet weiterentwickeln (vgl. Raymond 2014, S. 15). Andersherum kann Ignoranz
oder Unterschätzung eines Trends auch den gegenteiligen Effekt hervorrufen.
Beispielsweise schätzte die Marke „Nokia" den Branchentrend zum Smartphone
falsch ein, reagierte entsprechend nicht darauf und hat nun kaum noch Relevanz
im Markt. Ein weiteres bekanntes Beispiel gibt die Marke „Kodak", die an der
analogen Fotografie als ihrer Kernkompetenz festhielt, weil sie die Entwicklung
des Trends zu digitaler Fotografie unterschätzte (vgl. Franzen und Strehlau 2015,
S. 58).

Marktforschung
In Abgrenzung zur Trendforschung fokussiert die Marktforschung nicht die künf-
tigen Entwicklungen, sondern vielmehr den aktuellen Zustand bestimmter Märkte.
Aus den ausgewerteten und interpretierten Ergebnissen einer Erhebung können
daraufhin ebenfalls Prognosen und Projektionen abgeleitet werden. Prognosen
stellen Ableitungen aufgrund von Vergangenheitswerten dar, denen eine stabile

Entwicklung unterstellt wird. Projektionen beziehen neben Vergangenheitswerten zusätzlich z. B. Expertenaussagen ein und leiten daraus mögliche Entwicklungstendenzen – die Projektionen – ab (vgl. Fantapié Altobelli 2011, S. 4, 355; Maier 2017).

Strategic Foresight

„Strategic Foresight" beschreibt die Trend- und Zukunftsforschung mit konkretem Bezug auf ein Unternehmen (Müller und Müller-Stewens 2009, S. 1 ff.). Sie bezieht sich vorwiegend auf die unternehmensintern durchgeführten Maßnahmen, kann aber auch von externen Dienstleistern ausgeführt werden. Ziel des Strategic Foresights ist, einen Eindruck der möglichen und wahrscheinlichen Entwicklungen und zukünftigen Umstände unternehmensspezifisch relevanter Märkte zu generieren (vgl. Müller und Müller-Stewens 2009, S. 1 ff., 27, 117; Simon 2011b, S. 29; Zweck 2009, S. 198).

2.2 Entwicklungsstufen und Hierarchien

Der Lebenszyklus eines Trends kann nach dessen Verbreitung im Verhältnis zur Zeit in verschiedene Entwicklungsstufen eingeteilt werden. Diese sind die anfängliche „Kindheit", das „Wachstum", die „Reife" und schließlich die „Sättigung". Diese Stufen bilden bei idealtypischer grafischer Darstellung eine „S-Kurve" (vgl. Mićić 2007, S. 20 f.; Simon 2011a, S. 189). Pero Mićić, international tätiger Berater für Zukunftsmanagement, teilt die Entwicklungsstufen darüber hinaus detaillierter in die Ursache Innovation, das beschleunigte Wachstum, das quasi-lineare Wachstum, das verlangsamte Wachstum und abschließend die Stagnation ein (vgl. Mićić 2007, S. 21, 2014, S. 167). Die Information über eine Chance, welche sich aus einem Trend ergibt, verbreitet sich demnach zunächst langsam. Danach beschleunigt sich deren Verbreitung. Im verlangsamten Wachstum stagniert die Verbreitung der Innovationsidee, bis sie sich schließlich nicht weiter verbreitet. Für das Markenmanagement gilt: Je eher eine trendbasierte Chance erkannt wird, desto einzigartiger kann ihre Umsetzung in eine Leistungsinnovation sein. Dies schafft eine USP, die Markenanbietern echte Wettbewerbsvorteile verschafft (siehe Abb. 2.1; vgl. Horx 2014, S. 72).

Die sogenannte **Trendhierarchie** stellt verschiedene Trendarten oder auch -kategorien dar. Diese Trendarten bauen aufeinander auf und können abhängig von der Trendtiefe, -breite und -wirkung kategorisiert werden (vgl. Horx 2010, S. 2 f.; Simon 2011a, S. 191; siehe Abb. 2.2).

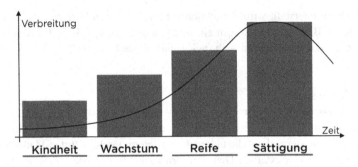

Abb. 2.1   Trend-Entwicklungsstufen. (In Anlehnung an Simon 2011a, S. 189)

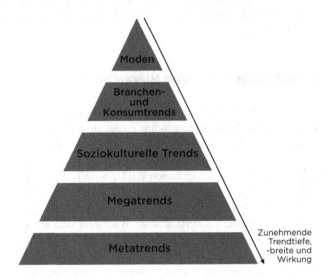

Abb. 2.2   Trendhierarchie. (In Anlehnung an Simon 2011a, S. 190 ff.)

- Besonders tief greifende und langfristige Trends können als **Metatrends** bezeichnet werden. Sie beschreiben eine breit wirkende Entwicklung, die grundlegend und gesellschaftsübergreifend ist. Sie bilden die Basis der Trendhierarchie, da sich alle weiteren Trendarten hier eingliedern lassen (vgl. Simon 2011a, S. 191).
- **Megatrends** bilden die nächst höhere Stufe. Sie wirken mittel- bis langfristig. Megatrends werden auch als Basistrends bezeichnet, da sie große Auswirkungen haben. Die Dauer zum Durchlaufen aller Entwicklungsstufen beläuft sich

auf circa 50 Jahre. Diesbezüglich unterscheiden sich die Definitionen der führenden Trend- und Zukunftsforscher. Der umstrittene Forscher und Autor Matthias Horx nennt z. B. eine ungefähre Dauer von mindestens 100 Jahren, die maßgeblich für Megatrends sei (vgl. Horx 2012, S. 2; Rust 2008, S. 21; Simon 2011a, S. 187 f.).
Im Gegensatz zu den Trendarten höherer Stufen wirken Meta- und Megatrends global und deutlich tief greifender (vgl. Simon 2011a, S. 191; siehe Abb. 2.2). Es kann allgemein zwischen drei Kategorien langfristiger Trends unterschieden werden. Denen, die den gesellschaftlichen Wandel und das Kundenverhalten thematisieren, solche, die innovative Technologien und Verfahren thematisieren, und denen, die innovative Marketing- und Managementansätze beschreiben. Diese Kategorien sind im Brand Management nicht gänzlich voneinander getrennt zu betrachten, da sie sich gegenseitig beeinflussen können (vgl. Belz und Schögel 2007, S. 201).

- **Soziokulturelle** Trends beschreiben ausschließlich Entwicklungen auf sozialer Ebene der Gesellschaft. Solche sind z. B. Veränderungen der Wertewelten oder von Lebensgefühlen. Diese Trends wirken sich auch auf Konsum- und Produktwelten wie die Lebensgestaltung, Ernährung und den Wohnraum aus. Sie sind zudem kurzlebiger und erreichen bereits nach zehn bis 20 Jahren die vollständige Sättigung. Somit können sie als „mittelfristig" bezeichnet werden. Ein solcher Trend ist bspw. das „Cocooning". Es bezeichnet den Rückzug und das zunehmende Verbringen der Freizeit zu Hause (vgl. Faith Popcorn 2017; Kirchgeorg 2016).
- Die Spitze der Trendhierarchie bilden **Branchen- und Konsumtrends** sowie **Moden** als besonders kurzlebige Trends. Sie leiten sich aus den zuvor genannten Trends ab und haben keinen relevanten rückwirkenden Einfluss auf diese (vgl. Deckers und Heinemann 2008, S. 56; Simon 2011a, S. 191).

In der Praxis werden diese Begriffe häufig übergreifend verwendet. Die Grenzen ihrer Definitionen verschwimmen teilweise. Wie bereits angedeutet, gilt dies insbesondere für die Unterscheidung von Mega- und Metatrends, deren Bedeutung sich einige Autoren nicht bewusst bzw. einig sind (vgl. Deckers und Heinemann 2008, S. 56; Simon 2011a, S. 191).
Grundsätzlich können Trends jeder Hierarchie auf das Brand Management wirken. Die genannten Trendhierarchieebenen sind jedoch für jede Branche von unterschiedlicher Relevanz. Die Trendhierarchien mit größerer Reichweite (Meta- und Megatrends) haben Einfluss auf nahezu alle Branchen. Mit abnehmender Trendtiefe bzw. -breite (siehe Abb. 2.2) sind einzelne Trends jedoch nur noch für spezifische Wirtschaftsbereiche und Marken relevant, da sie auf einige Branchen

nicht wirken. Ein Bekleidungsunternehmen hat sich bei der Produktentwicklung bspw. stark nach Moden (besonders kurzfristig) zu richten, um zeitgemäße Kollektionen zu schaffen, die im Wettbewerb Bestand haben. Auch Markenartikel aus schnelllebigen Branchen können sich über die Nutzung kurzfristiger Trendarten wie Moden differenzieren. Dieser Erfolg kann folglich aber nicht von Dauer sein. Ansonsten, und insbesondere für die übergeordnete Markenführung mit stärkerer strategischer Ausrichtung (vgl. Duncker und Röseler 2011, S. 34 f.), nehmen hauptsächlich langfristige und tief greifende Trends, mindestens jedoch soziokulturelle Trends einen wichtigen Stellenwert ein. Solche strategischen Entscheidungen müssen langfristig Bestand haben können, eine Anpassung der Innovationsstrategie ist demnach nur bei wirkungsstarken Trends ratsam.

2.3   Instrumente der Trendforschung

Zur Identifikation, Ursachenanalyse und Erläuterung eines Trends bedienen sich Trendforscher und Markenmanager verschiedener Instrumente. Von diesen ist ein umfangreiches Spektrum vorhanden. Nachfolgend werden jene Instrumente erläutert, die am häufigsten Verwendung finden. Ihnen wird in der wissenschaftlichen Diskussion die höchste Relevanz und der größte Nutzen beigemessen (vgl. Müller und Müller-Stewens 2009, S. 27, 177 f.; Raymond 2014, S. 58 ff.).

Klassische Instrumente der Trendforschung sind Gruppendiskussionen und Tiefeninterviews, die (ethnografische) Beobachtung, die Studienlektüre und Metaanalysen, Szenarioprognosen sowie Spezialistendiskussionen (vgl. Schüll 2009, S. 226, 229; Simon 2011a, S. 169 f.). Mithilfe dieser Instrumente sollen Aussagen zu zukünftigen Entwicklungen getroffen werden. Es handelt sich um „qualitative" Forschungsinstrumente, die somit kostengünstig sowie kurzfristig eingesetzt werden können (Koch 2009, S. 248). Unternehmen wenden diese Methoden an, um ihre Markenstrategie entsprechend den Ergebnissen zu prüfen und ggf. anzupassen. So können sie auf Basis dieser Strategie z. B. neue und vor allem markt- und trendorientierte Produkte entwickeln, die Aktualität ihres Geschäftsmodells überprüfen, bestehende Produkte anpassen oder sich auch auf eventuell eintretende Marktveränderungen vorbereiten (vgl. Geschka et al. 2013, S. 97).

Die **Gruppendiskussion** ist ein Instrument der explorativen Forschung. Hierbei handelt es sich um eine Diskussion einer kleinen Gruppe. Die Diskussion wird von einem Moderator geleitet, der über die Hintergründe des einberufenen Diskurses informiert ist. Er ist dafür verantwortlich, die Teilnehmer zu einem bestimmten Thema hinzuleiten und jeden Teilnehmer zu Wort kommen zu lassen. An der eigentlichen Diskussion nimmt der Moderator lediglich passiv teil. Ziel dieser Form der Forschung ist, die Beweggründe der Konsumenten für ein bestimmtes Verhalten herauszufiltern, herauszufinden, welche Assoziationen sie mit einem Thema verbinden, und einen Überblick über eventuelle Entwicklungen und Probleme zu gewinnen. Sie kann zudem dazu dienen, andere als die bisherigen Blickwinkel einzunehmen und so neue Aspekte einer Thematik kennenzulernen (vgl. Bruhn 2014, S. 101; Disselkamp 2012, S. 210). Problematisch an Gruppendiskussionen ist, dass einzelne Probanden andere dominieren und die Gruppenmeinung beeinflussen können (vgl. Leisse 2012, S. 40).

Tiefeninterviews sind Befragungen durch einen Interviewer. Dieser führt beim Tiefeninterview ein Einzelgespräch mit ausgewählten Personen. Hierbei ist kein Fragebogen oder starrer Gesprächsleitfaden in einer festgelegten Reihenfolge abzuarbeiten. Der Interviewer leitet das Gespräch und kann Fragen über festgelegte Richtlinien-Fragen hinaus stellen. Dieses Instrument dient der Identifikation von Motiven für ein spezifisches Verhalten. Nachteil eines Tiefeninterviews ist der starke Einfluss des Interviewers auf den Gesprächsverlauf, da dadurch das Antwortverhalten des Interviewten beeinflusst werden kann (vgl. Leisse 2012, S. 40; Raab et al. 2009, S. 38; Simon 2011a, S. 169; Schüll 2009, S. 226; Stahl und Meyer-Höllings 2013, S. 135).

Bei der **ethnografischen Beobachtung** begleitet ein Beobachter einen Probanden beim Kaufprozess oder bei der Verwendung eines bestimmten Produktes. Der Beobachter ist entweder direkt dabei oder beobachtet über eine Videoaufnahme. Teilweise finden hier zudem Befragungen der Probanden zu ihrem Verhalten statt (vgl. Leisse 2012, S. 33 ff., 40). Ziel der ethnografischen Beobachtung ist die Identifikation und Begründung von Nutzungsverhaltensstrukturen. Mithilfe dieses Instrumentes können auch unbewusste Handlungen von Konsumenten aufgedeckt werden. Es ermöglicht das Erkennen von Problemen und Veränderungen im Konsumverhalten, sodass daraus Innovationspotenziale abgeleitet werden können (vgl. Stahl und Meyer-Höllings 2013, S. 133 ff.).

Unter den Begriffen **Studienlektüre** und **Metaanalyse** ist die Recherche und Analyse fremder Studien und Beiträge zu verstehen. Sie dienen dazu, einen Überblick zu gewinnen und Blickwinkel anderer Personen kennenzulernen (vgl. Schüll 2009, S. 226; Simon 2011a, S. 196).

Spezialistendiskussionen sind Befragungen von Experten. Die **Expertenbefragung** zählt mit der Szenariotechnik zur populärsten und am meisten angewandten qualitativen Forschungsmethode. Experten beschäftigen sich eingehend mit einem Thema und können diesbezüglich umfangreiches Wissen sowie Erfahrung vorweisen. Sind Übereinstimmungen in den Aussagen und Meinungen der Experten zu finden, können daraus Prognosen für die Zukunft abgeleitet werden.

Zu beachten ist hier, dass auch die Aussagen von Experten subjektiv sind, keine fundierte Analyse ersetzen und somit lediglich erste Anhaltspunkte liefern können (vgl. Koch 2009, S. 249; Zweck 2009, S. 198). Fraglich ist, ob die Experten subjektiv oder objektiv nach festgelegten Kriterien ausgewählt werden, sodass ihre Aussagen vergleichbar sind.

Die sogenannte **Delphi**-Methode ist eine spezifische Art der Expertenbefragung. Sie folgt im Gegensatz zur reinen Expertenbefragung einer klaren Struktur bei der Befragung einzelner Personen (vgl. Schüll 2009, S. 229; Simon 2011b, S. 160 ff.; Springer Fachmedien Wiesbaden GmbH 2013, S. 63). Mithilfe der Delphi-Methode können u. a. Einschätzungen zu Marktchancen, lang- oder kurzfristigen Entwicklungen von Technologien und Verhalten erlangt, aber auch Informationen zu Sachverhalten gewonnen werden, in denen wenig allgemeines Wissen vorhanden ist (vgl. Müller und Müller-Stewens 2009, S. 239; Simon 2011b, S. 160 f.; Springer Fachmedien Wiesbaden GmbH 2013, S. 92). Diese Methode findet Anwendung, wenn Entwicklungen von bis zu 30 Jahren zu bewerten sind (vgl. Cuhls 2009, S. 213 f.).

Bei dieser Methode werden Experten in mehreren Runden schriftlich zu einer Thematik befragt. Nach jeder Runde wird der Fragebogen angepasst. Die Experten beantworten die Fragen alleine und erfahren die Namen der weiteren Befragten erst nach Abschluss der Studie. So soll ein angepasstes Antwortverhalten vermieden werden. Sie können jedoch nach jeder Runde Stellung zu den Einschätzungen ihrer Kollegen nehmen, da die Zwischenergebnisse anonym und gesammelt an alle Teilnehmer ausgegeben werden (vgl. Simon 2011b, S. 160 ff.; Springer Fachmedien Wiesbaden GmbH 2014, S. 63). Das Endergebnis dieser Methode ist eine herrschende Meinung und Prognose von Experten. Die Delphi-Methode ist die Grundlage für die folgende Szenariotechnik (vgl. Springer Fachmedien Wiesbaden GmbH 2014; Fantapié Altobelli 2011, S. 63, 398).

Die **Szenariotechnik,** auch Szenariomethode oder –analyse, gilt als zukunftsgerichtete Projektionsmethode (vgl. Becker 2013, S. 407; Simon 2011b, S. 20). Sie ist ein langfristig ausgerichtetes Instrument für Projektionen der mindestens nächsten zehn Jahre. Eine Projektionsmethode ist eine langfristig ausgerichtete qualitative Prognosemethode (vgl. Fantapié Altobelli 2011, S. 398). Die Szenariotechnik ist weit verbreitet und wird von Trendforschern sowie von Markenartiklern verwendet (vgl. Deckers und Heinemann 2008, S. 154; Mieke und Nagel 2015, S. 41; Müller und Müller-Stewens 2009, S. 46; Simon 2011b, S. 121 f.). Ziel dieses Instrumentes ist, mögliche zukünftige Entwicklungen aufzudecken und so zu gewährleisten, dass sich Markenverantwortliche rechtzeitig auf Veränderungen des Umfeldes einstellen und eventuell anpassende Maßnahmen ergreifen kann. Mithilfe der Szenarioanalyse können die Risiken der Zukunftsvorhersage reduziert werden, da mehrere mögliche Szenarien in Abhängigkeit verschiedener Einflüsse entwickelt werden (siehe Abb. 2.3; vgl. Geschka et al. 2013, S. 97, 109 ff.). Die Beliebtheit dieses Instruments beruht auf verschiedenen Vorteilen. Die entwickelten Zukunftsbilder sind aus der Gegenwart und ihren Umfeldeinflüssen abgeleitet, sodass die Zukunftspfade eine nachvollziehbare und begründete Entwicklung beschreiben. Sie beachtet außerdem die Wirkung möglicher Einflüsse und Ereignisse in der Zukunft. Dies macht ihre Zukunftsprognosen bei sachlich richtiger Anwendung valider als die anderer Trendforschungsinstrumente (vgl. Geschka et al. 2013, S. 98).

Ein Szenario bezeichnet eine mögliche zukünftige Situation sowie den Weg, der zu dieser Situation führt (vgl. Deckers und Heinemann 2008, S. 154; Großklaus 2014, S. 126 ff.). Grafisch wird die Szenarioanalyse häufig als Trichter dargestellt. Die Gegenwart befindet sich am geschlossenen Ende des Trichters. Die Umfeldfaktoren sind hier bereits definiert und beeinflussen insbesondere die nächsten zwei bis drei Jahre. Mit zunehmenden Jahren nehmen auch die Möglichkeiten zu. Dies stellt die Öffnung auf der anderen Seite des Trichters dar. Die Trichterbegrenzungen stehen dabei je für ein besonders positives und ein besonders negatives Szenario (vgl. Geschka et al. 2013, S. 97 ff.; siehe Abb. 2.3).

In der Literatur herrscht Uneinigkeit über die empfohlene Anzahl an Szenarien in einer Analyse. Es werden z. B. nicht mehr als drei, dafür sehr unterschiedliche

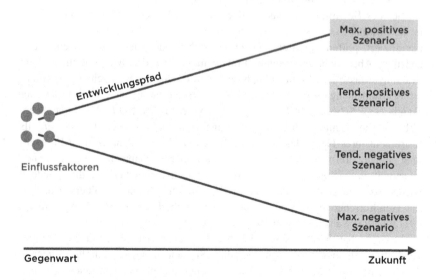

Abb. 2.3 Szenario-Trichter

Szenarien (vgl. Geschka et al. 2013, S. 101 ff.), vier bis sechs (vgl. Deckers und Heinemann 2008, S. 155) oder auch drei bis fünf Szenarien empfohlen (vgl. Vahs und Brem 2015, S. 129). Ungerade Zahlen führen in der Praxis jedoch in der Regel zur Präferenz des mittleren Szenarios. Aus diesem Grund wird dringend empfohlen, eine gerade Anzahl von Alternativszenarien zu entwickeln. Als optimal haben sich in der Praxis vier Alternativen erwiesen.

Die Szenariotechnik umfasst acht Schritte. Diese sind die Definition des Problems und einer Aufgabe, die „Einflussanalyse, Deskriptorenanalyse, Alternativbündelung, Szenariointerpretation, Konsequenzanalyse, Störereignisanalyse [und schließlich der] Szenariotransfer" (Deckers und Heinemann 2008, S. 155; Geschka et al. 2013, S. 101 ff.; vgl. Simon 2011b, S. 120 f.).

Externe Trendforscher bedienen sich ebenfalls der beschriebenen Instrumente, nutzen darüber hinaus aber eher Methoden wie Scanning und Monitoring. Zu beachten ist, dass diese nicht wissenschaftlich fundiert sind. In der facheinschlägigen Literatur wird häufig die Meinung vertreten, dass Prognosen, die mithilfe dieser Methoden getroffen wurden, in Abhängigkeit von den Fähigkeiten und der Erfahrung eines Trendforschers am wahrscheinlichsten eintreffen. Die genaue Arbeitsmethodik der Forscher ist dabei sehr individuell. Beispielsweise werten sie Zeitschriften- und Zeitungsartikel aus oder verlassen sich ausschließlich auf ihre Sinne und Fähigkeit, Neues durch Beobachtung zu erkennen (vgl. Raymond 2014, S. 5, 21, 35 ff., 44; Simon 2011b, S. 206).

Ziel des **Scannings** ist das Aufdecken von schwachen Signalen (vgl. Müller und Müller-Stewens 2009, S. 135; Simon 2011, S. 198). Sind solche Signale identifiziert, prüfen Trendforscher, ob sie sich wiederholen und sich ein Trend andeutet. Aber auch prägnantere Entwicklungen werden bei kontinuierlichem Scanning erfasst. Das **Monitoring** beschreibt die ständige Beobachtung bestimmter Konsumentengruppen und die vertiefte Beobachtung bereits identifizierter Trends (vgl. Schögel 2007, S. 335 f.; Simon 2011a, S. 199 f.; Vahs und Brem 2015, S. 124). Schließlich benennen einige Trendforscher auch das **Naming** als Instrument ihres Fachs. Damit ist die Benennung einer identifizierten Entwicklung gemeint. Teilweise sind die von Trendforschern benannten Trends keine neu erkannten Entwicklungen, ein ausdrucksstarkes Naming verleiht ihnen jedoch wieder, bzw. zusätzlich, Aufmerksamkeit. Um keine Trends zu übersehen, führen Trendforscher die gerade beschriebenen Methoden stetig durch (vgl. Simon 2011a, S. 200; Vahs und Brem 2015, S. 124).

Es ist zu beachten, dass es sich bei den genannten Instrumenten überwiegend um qualitative Instrumente handelt. Sie sind demnach lediglich für erste Annahmen, jedoch nicht zur validen Erfassung allgemeiner Umstände geeignet. Sie geben auch keine verlässlichen Aussagen zur Zukunft (vgl. Raab et al. 2009,

S. 33; Simon 2011b, S. 123). Dennoch ist qualitativen Methoden in der Trendfor-schung ein Vorteil gegenüber den quantitativen zuzuschreiben. Sie ermöglichen die ganzheitliche Betrachtung eines Themas und die Berücksichtigung diverser möglicher Einflüsse, die anfangs nicht quantifizierbar sind (vgl. Müller und Mül-ler-Stewens 2009, S. 25 ff.).

2.4 Erkenntnisse für das operative Markenmanagement

Trends beschreiben gesellschaftliche, technische und zielgruppenspezifische Entwicklungen mithilfe qualifizierter Beobachtungen und Auswertungen (vgl. Abschn. 2.3). Aufgabe der Trendforschung ist die Identifikation und Deutung dieser Entwicklungen. Sie leitet daraus Zukunftsprognosen ab. Die Informati-onen der Trendforschung helfen im strategischen Markenmanagement, sich auf der Leistungsebene mittelfristig positiv hervorzuheben und hierdurch Wettbe-werbsvorteile zu generieren (vgl. Koch 2014, S. 182; Raymond 2014, S. 14). Die Trendforschung gibt Markenmanagern dazu mit verschiedenen Instrumenten zwingend erforderliche Entscheidungshilfen an die Hand. Bei der Deutung der Forschungsergebnisse sind jedoch verschiedene Risiken zu beachten.

Ein großer Problembereich ist die Einschätzung der Validität und Entwick-lungsgeschwindigkeiten von Trends. Ursache dessen ist die große Zahl ein-flussnehmender Faktoren, aus der verschiedene potenzielle gesellschaftliche und technische Entwicklungen entstehen können. Eine Einordnung und die Bestimmung der Lebenszyklus-Phase eines Trends kann zwar mithilfe indikati-ver Eigenschaften festgestellt werden, beruht jedoch niemals auf einer zu 100 % abgesicherten Einschätzung. So kann es dazu kommen, dass Trends überbewertet, übersehen oder ignoriert werden (vgl. Belz et al. 2007, S. 12). Zweck dieser Ana-lysen ist die Identifikation der langfristigen und relevanten Entwicklungen des Markenumfeldes, sodass das Innovationsmanagement lediglich auf Erfolg ver-sprechenden Trends basiert (vgl. Belz und Schögel 2007, S. 201).

Gleiches gilt für dessen voraussichtliche Entwicklung, sodass ein Trend bspw. schneller wächst als eingeschätzt oder sich ein vermeintlicher Trend als „Hype" herausstellt, da er die Sättigung bereits innerhalb kurzer Zeit erreicht (Albrecht 2008, S. 44 f.). Abgesehen von generellen Einschätzungsschwierigkeiten kann auch eine mangelhafte Analyse Grund für Fehlprognosen sein. Abschließend wird die Trendforschung für mangelnde Wissenschaftlichkeit kritisiert, die daher rührt, dass keine übergreifend klaren Forschungsregeln definiert sind (vgl. Popp und Zweck 2013, S. 43; Rust 2008, S. 11; Simon 2011a, S. 32, 208).

Ungeachtet dieser Problematik ist es im Markenmanagement zwingend erforderlich, künftige Marktopportunitäten abschätzen zu können. In diesem Zusammenhang stellt die Trendforschung in der Regel die einzig verfügbare Informationsquelle dar. Für die Maximierung der Erkenntnisqualität ist es zum einen erforderlich, dass die erwarteten Trends stetig evaluiert werden. Darüber hinaus ist es erforderlich, grundsätzlich mehrere alternative Quellen und Methoden zu verwenden, die einen möglichst breiten Überblick über die betroffenen Trendkategorien ermöglichen. Wie mit dieser Forderung in der Praxis umgegangen werden sollte, zeigen insbesondere Abschn. 4.1 und 4.2 der vorliegenden Publikation.

Innovationsmanagement für Markenleistungen

3

Dieses Kapitel behandelt den zweiten der beiden Grundbausteine der vorliegenden Publikation – das Management von innovativen Markenleistungen. Es klärt zunächst definitorische Grundlagen und erläutert daraufhin die prozessualen Aufgaben des innovationsorientierten Markenmanagements – von strategischen Grundsatzentscheidungen bis zu Umsetzungen im operativen Leistungsmanagement.

3.1 Definition

Genau wie der Trendbegriff wird auch der Begriff „Innovation" auf nahezu inflationäre Weise verwendet, ohne dass eine einheitliche Definition zugrunde liegt. Darum stützt sich die vorliegende Publikation auf eine Zusammenfassung der Professoren für Innovation Vahs und Brem (2015, S. 21): Eine **Innovation** kann als die „erstmalige wirtschaftliche Umsetzung einer neuen Idee" verstanden werden. Ziel einer Innovationsentwicklung ist die erfolgreiche Markteinführung und daher ein hoher Diffusionsgrad (vgl. Raymond 2014, S. 17). Voraussetzung einer Innovation ist Neuartigkeit. Diese kann anhand verschiedener Bezugsobjekte bestimmt werden. Neuartigkeit kann bereits gegeben sein, wenn ein Objekt oder ein Prozess für ein Unternehmen neu ist. In diesem Fall ist von einer Betriebsneuheit zu sprechen. Ist eine Leistung jedoch tiefgreifender neu und wird bisher von niemandem verwendet, so ist die Rede von einer Markt- bzw. Weltneuheit. Eine herrschende Meinung zur Definition, ab welchem Neuheitsgrad von einer Innovation zu sprechen ist, ist nicht gegeben. Ein geringer Neuheitsgrad entspricht einer inkrementell-evolutionären Innovation, während ein hoher Neuheitsgrad zu einer

© Springer Fachmedien Wiesbaden GmbH 2018
C. Duncker und L. Schütte, *Trendbasiertes Innovationsmanagement,*
essentials, https://doi.org/10.1007/978-3-658-19871-8_3

radikal-revolutionären Innovation führt. Produkteinführungen lassen sich nach diesem Innovationsgrad klassifizieren (vgl. Vahs und Brem 2015, S. 21 ff.; siehe Abb. 3.1).

Inkrementelle Innovationen sind demnach risikoärmer und stärker mit dem aktuellen Geschäft verbunden als radikale Innovationen, die weniger von den bestehenden Kompetenzen eines Unternehmens profitieren. Da inkrementelle Neuheiten auf bestehendem Wissen und Kompetenzen beruhen, können sie wirtschaftlich besser beurteilt werden und auch dem Handel sowie bestehenden Kunden mit weniger Aufwand verkauft werden (vgl. Gassmann 2013, S. 9). Radikale Innovationen können dagegen aufgrund mangelndem Erfahrungswissens nicht verlässlich bewertet werden und deren Erfolg kann nicht prognostiziert werden. Sie richten sich häufig an neue Zielgruppen, sodass auch die Distributions- und Kommunikationspolitik überarbeitet werden muss (vgl. Vahs und Brem 2015, S. 31).

Eine **Invention** kann als Erfindung und die erstmalige Verwendung einer Idee verstanden werden. Im zeitlichen Ablauf findet die Invention also vor der Innovation statt (vgl. Vahs und Brem 2015, S. 21). Es kann zwischen verschiedenen grundsätzlichen Entwicklungsrichtungen unterschieden werden. Die **Produktinnovation** beschreibt ein gänzlich neues Produkt, die **Produktverbesserung** beschreibt ein bestehendes, dessen Eigenschaften jedoch optimiert werden, und bei der **Produktdifferenzierung** werden einem Produkt weitere Varianten hinzugefügt (vgl. Bruhn 2014, S. 131).

Abb. 3.1 Neuheitsgrad von Innovationen. (Vahs und Brem 2015, S. 31)

Das Management von Innovationen „umfasst alle Planungs-, Entscheidungs-, Organisations- und Kontrollaufgaben im Hinblick auf die Generierung und Umsetzung neuer Ideen in marktfähige Leistungen" (Vahs und Brem 2015, S. 28) in einem Unternehmen. Es wird zudem als „Querfunktion" bezeichnet, da verschiedene Funktionen eines Unternehmens durch das Innovationsmanagement integriert werden. Das Ziel des Innovationsmanagements ist die Entwicklung neuer Leistungen, die den Bedürfnissen der Zielgruppe entsprechen und ihnen einen Nutzen versprechen, sodass das innovierende Unternehmen eine langfristige Gewinnsteigerung erreichen kann (vgl. Hauschildt et al. 2016, S. 69; Meffert et al. 2015, S. 376).

3.2 Produktlebenszyklen und Strategien des Markteintritts

Es ist zwischen verschiedenen Optionen des Markteintrittszeitpunktes zu unterscheiden. Bei Entwicklung einer **Invention** kann ein Unternehmen die Position des Pioniers bzw. des modifizierenden oder imitierenden Folgers einnehmen.

Pioniere haben häufig die Innovationsführerschaft in ihrem Markt zum Ziel. Sie entwickeln ein Produkt seiner Art als Erster auf dem Markt und bezwecken, damit einen Wettbewerbsvorteil zu erreichen. Nachteilig daran sind jedoch der hohe Kostenaufwand für die Entwicklungsarbeit sowie das hohe Misserfolgsrisiko (vgl. Vahs und Brem 2015, S. 358). Der modifizierende Folger hingegen hat geringere Aufwendungen zu tragen, da die Produktentwicklung im engeren Sinne bereits durch den Pionier abgeschlossen wurde. Er deckt jedoch Verbesserungsmöglichkeiten auf und lernt aus den Fehlern des Ersterfinders. So kann die Erfindung verbessert werden. Vorteilhaft an dieser Inventionsstrategie ist die Einsparung von Kosten und die Sicherstellung des Erfolgs auf dem Markt. Möglich ist aber auch, dass die neue Technologie rechtlich geschützt ist und zeitweise nicht verwendet werden darf (vgl. Vahs und Brem 2015, S. 358). Dies weist bereits darauf hin, dass der Schutz einer Innovation vor Imitationen besonders relevant ist, um mittel- bis langfristig von einem frühen Markteintrittszeitpunkt profitieren zu können. Ist die Einzigartigkeit langfristig gegeben, kann Innovativität auch im Markenimage verankert werden (vgl. Gassmann 2013, S. 7). Der imitierende Folger entwickelt im Gegensatz zu den bereits genannten Typen nichts Neues, sondern kopiert die Invention des Ersterfinders. Dadurch spart er hohe Entwicklungskosten und generiert Umsatz aufgrund des Erfolgs des Ersterfinders (vgl. Vahs und Brem 2015, S. 358). Ein Mehrwert für die Marke kann jedoch nur generiert werden, wenn eine Produkteinführung auch bei den Stakeholdern als Innovation wahrgenommen wird. Dementsprechend können Imitationen kaum noch positiv auf die Marke einzahlen. Möglich ist sogar eine negative Resonanz, da das Neuprodukt als Nachahmung angeprangert werden könnte. Somit kann ein Unternehmen mit dieser Inventionsstrategie kein Alleinstellungsmerkmal mehr erreichen und hat somit wieder ein Erfolgsrisiko (vgl. Gassmann 2013, S. 7).

Auch im Hinblick auf den **Innovationszeitpunkt** kann zwischen einem Pionier und seinen Folgern unterschieden werden.

Der „Marktpionier" bietet ein Produkt als Erster auf dem Markt an. Hohe Erfolgsrisiken und vertriebspolitische Unsicherheiten stehen hier hohen Umsatzpotenzialen und einer starken positiven Imagewirkung bei erfolgreichem Produkt gegenüber. Dem Pionier folgen der frühe und der späte Folger (vgl. Bruhn 2014, S. 64). Während der frühe Folger seine Risiken durch Produkt-, bzw. Vermarktungsoptimierungen bereits gesenkt hat, hat der späte nahezu keine Innovationsrisiken mehr. Dem gegenüber steht aber die Möglichkeit, dass die „Early Adopters" (Bruhn 2014, S. 64), also diejenige Kundengruppe, die eine Innovation von den Innovatoren übernimmt und dann an verschiedene Gruppen weitergibt, bereits beim Marktpionier gekauft haben, sodass reduzierte Ertragspotenziale die Folge sind. Der späte Folger genießt Sicherheit in Bezug auf das Absatzpotenzial der Innovation und tritt dementsprechend erst in den Markt ein, wenn der Verkauf des Produktes Erfolg versprechend ist. Durch die Eliminierung der Risiken verliert das Unternehmen bei dieser Eintrittsstrategie jedoch auch Umsatzpotenziale an den Pionier und die frühen Folger. Dementsprechend ist der frühe Folger in den meisten Branchen die erfolgreichste Markteintrittsstrategie (vgl. Boutellier et al. 2013, S. 57; Vahs und Brem 2015, S. 111).

Der Innovationszeitpunkt wird von verschiedenen Faktoren beeinflusst. Die finanziellen Möglichkeiten, die Größe und die Risikofreudigkeit eines Unternehmens sind nur einige davon. Der Markteintritt kann und sollte aber auch von den Produktlebenszyklen der bestehenden Produkte im Portfolio abhängig gemacht werden.

Ähnlich, wie eine Innovation verschiedene Diffusionsstufen der Verbreitung durchläuft, nimmt die Theorie der Produktlebenszyklen an, dass jedes Produkt verschiedene Stufen durchläuft, bis es schließlich das Ende seines Lebenszyklus erreicht hat und im Markt nicht mehr gefragt ist. Die Zeit, in der dies geschieht, unterscheidet sich je nach Produktkategorie (vgl. Bruhn 2014, S. 63). Die Phasen lassen sich in Produkteinführung, Reife, Wachstum und Sättigung einteilen (vgl. Großklaus 2014, S. 11). Befindet sich ein Produkt in der Reifephase, kann einem Umsatzeinbruch aufgrund von Sättigung mit Produktverbesserungen, Relaunches" oder einer Innovation begegnet werden (vgl. Vahs und Brem 2015, S. 111 f.). Die eingangs erwähnten zunehmend verkürzten Produktlebenszyklen bedingen, dass Innovationen und somit auch Inventionen entsprechend eher notwendig sind, um eine Position im Markt halten zu können. Dies untermauert die

Relevanz von Innovationsmanagement – sowohl in der Markenführung als auch im operativen Marketing (vgl. Duncker und Röseler 2011, S. 34 f.). Als weiterer Einflussfaktor ist die Marktreife zu nennen. Kann ein Unternehmen z. B. bereits auf neue Technologien reagieren und seine Produkte optimieren, ist dennoch eingehend zu prüfen, ob die Zielgruppe diese Verbesserungen auch erwartet und annehmen kann. Andernfalls ist mit der Markteinführung einer solchen Innovation auf den geeigneten Zeitpunkt zu warten (vgl. Roos 2015, S. 40 f.; Vahs und Brem 2015, S. 111 ff.).

3.3 Prozess der markenkonformen Produktentwicklung

Das Innovationsmanagement hat ganzheitlich zu erfolgen: Es umfasst drei Ebenen, die zur Sicherstellung eines konsistenten Markenmanagements alle gleichermaßen beachtet werden müssen. Demnach sind die normative, die strategische und die operative Ebene aufeinander abzustimmen. Sie machen das ganzheitliche Verständnis aus (vgl. Esch 2014, S. 81 f.; Gassmann 2013, S. 6 f.; siehe Abb. 3.2).

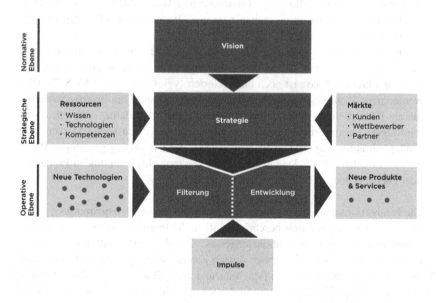

Abb. 3.2 Ganzheitliches Innovationsmanagement. (Eigene und verkürzte Darstellung in Anlehnung an Albers und Gassmann 2005, S. 6)

Einfluss auf diese Ebenen nehmen verschiedene Elemente des unternehmerischen Umfeldes, wie die Unternehmenskultur, Unternehmenswerte, Strategie und Struktur, die Mitarbeiter und weitere Ressourcen. Insbesondere Faktoren des externen unternehmerischen Umfeldes, wie der Gesellschaft und Technologie – im Speziellen Trends dieser Bereiche –, nehmen Einfluss auf das Zusammenspiel folgender Innovationsphasen (vgl. Albers und Gassmann 2005, S. 6).

Die **normative Ebene** wird von der Vision, der Mission, den Werten und einem Leitbild gebildet. Sie beeinflusst die Unternehmensstrategie als zugrunde liegende Norm (vgl. Gassmann 2013, S. 6 f.). Die Identität der Marke ist ebenfalls auf der normativen Ebene einzuordnen, da sich ihr alle strategischen wie operativen Entscheidungen unterzuordnen haben. Folglich bilden die Elemente der normativen Ebene mit der Marke als allumfassendem Bestandteil den Leitrahmen für den weiteren Innovationsprozess. Diese Ausrichtung der normativen Ebene ist erfolgstreibend, da hierdurch ein konsistentes, einheitliches Markenbild nach außen transportiert werden kann (vgl. Esch 2014, S. 77 ff.).

Die **strategische Ebene** verbindet die Vorgaben der normativen Ebene mit den unternehmensspezifischen Ressourcen und den Erwartungen bzw. Verhaltensweisen externer Stakeholder (z. B. Kunden, Handel, Finanzstakeholder, Lieferanten etc.) (vgl. Gassmann 2013, S. 7; Gassmann und Wecht 2013, S. 26). Die hierdurch entstehende Innovationsstrategie dient als Verhaltensleitfaden aller operativen Prozesse des Leistungsmanagements.

Die abschließende **operative Ebene** beschreibt die Umsetzung der Innovationsstrategie. Diese kann in eine frühe und eine späte Phase geteilt werden. Die frühe und kreative Phase ist noch unstrukturiert (vgl. Gassmann 2013, S. 7). Hier werden neue Technologien und Ideen entwickelt, und unter Einfluss der Strategie, die als Filter dient, bewertet. Speziell dieser Filter sorgt dafür, dass nur solche innovativen Leistungsideen weiterverfolgt werden, die einen hohen Marken- und Strategiefit aufweisen. Die späte, strukturierte, der Umsetzung gewidmete Phase dient der finalen Entwicklung entsprechend gefilterter Ideen zu finalen Produkten oder Dienstleistungen (vgl. Hauschildt et al. 2016, S. 148).

Die Innovationsstrategie als Ausgangspunkt des Innovationsprozesses
Wie zu Beginn des Kapitels beschrieben, dient die Innovationsstrategie als Richtschnur des operativen Innovationsprozesses. Sie bildet einen mittel- bis langfristig ausgerichteten Richtlinienplan, dessen Zweck ist, zielgerichtete Maßnahmen und Entscheidungen zu treffen (vgl. Vahs und Brem 2015, S. 107). Dies ist insbesondere im Brand Management erforderlich, um eine hohe Konsistenz des Markenkerns zu gewährleisten.

Die Entwicklung einer solchen Strategie ist in Abb. 3.3 schematisch dargestellt. Sie umfasst elf Aufgaben (vgl. Gassmann und Wecht 2013, S. 28).

1. Zunächst ist auf normativer Ebene eine **Vision** zu formulieren, die für die
   folgenden Prozessschritte als Richtlinie dient.
2. Die zweite Stufe verlangt die Definition von groben Stoßrichtungen, die dem
   Unternehmen Wachstum versprechen. Die **Wachstumsstoßrichtung** kann
   mithilfe der Produkt-Markt-Matrix definiert werden (siehe Abb. 3.4; vgl.
   Kerth et al. 2015, S. 180).
3. Die nächsten Schritte bereiten eine Bündelung der Herausforderungen an
   das Unternehmen vor. Dabei sind zunächst die Anforderungen aus Sicht
   der **Kunden** zu analysieren. Diese können quantitativ, sollten aber auch

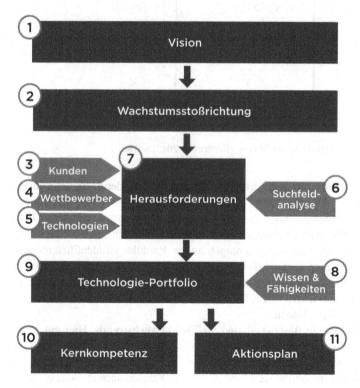

Abb. 3.3 Entwicklungsstufen zur Innovationsstrategie. (Gassmann und Wecht 2013, S. 29)

Abb. 3.4 Produkt-Markt-Matrix. (Kerth et al. 2015, S. 180)

qualitativ durch direkten Dialog erhoben werden. Mögliche Instrumente
dazu sind sogenannte „Lead-User-Workshops" – eine Form von Open
Innovation – oder die Beobachtung des Konsumverhaltens. In diesem
Schritt geht es darum, aktuelle Trends, wie ein veränderndes Nutzungs-
verhalten oder Anforderungen an ein Produkt, zu identifizieren sowie die
Bedeutung dieser Erkenntnisse für das Unternehmen herauszustellen (vgl.
Bruhn 2014, S. 41; Gassmann und Wecht 2013, S. 28 ff.). Auch die von
Trendforschern identifizierten allgemeinen Trends können hierfür eine
Grundlage bilden.

4. Der zweite Bestandteil sind die **Wettbewerbstrends.** Hier gilt es, aktuelle
   und potenzielle Wettbewerber zu analysieren und Erfolg versprechende
   Positionierungslücken aufzudecken. Ziel ist die Entwicklung einer Einzigartigkeit im Wettbewerbsumfeld, die von Kunden auch als solche wahrgenommen und als attraktiv bewertet wird. Insbesondere die Aufgaben der Schritte
   drei und vier machen deutlich, dass die Trendforschung für das innovative

Markenmanagement von großer Bedeutung ist. Neben den hier genannten Instrumenten können weitere, bereits in Abschn. 2.3 erläuterte Trendforschungstools Verwendung finden und eine zukunftsgerichtete Betrachtungsweise des Markenumfeldes ermöglichen.

5. Der dritte Bestandteil der Strategieformulierung ist die **Technologieanalyse**, bei der relevante Technologietrends identifiziert werden sollen. Dabei können Technologien verschiedener Trendhierarchien analysiert werden. Instrumente zur Herstellung einer Analysegrundlage sind Expertenbefragungen oder eine systematische Technologiefrühaufklärung auf Basis einer Szenarioanalyse oder einer Patent- und Zitationsanalyse. Letztere betrachtet eine kurze zeitliche Reichweite, während die Szenarioanalyse für einen mittel- und langfristigen Betrachtungshorizont geeignet ist (vgl. Gassmann und Wecht 2013, S. 31).

6. Insbesondere zur Förderung radikaler Innovationen bietet sich an dieser Stelle zusätzlich die Option zur Durchführung einer **Suchfeldanalyse** an (vgl. Gassmann und Wecht 2013, S. 28 ff.; siehe Abb. 3.5). Bei dieser Analyse werden die zwei Trenddimensionen Markt- und Technologietrends einander in einer Matrix gegenübergestellt. So können Potenziale an den Schnittstellen unterschiedlicher Disziplinen identifiziert werden. Deren Fit entscheidet darüber, ob eine Idee in das Portfolio einer Marke aufgenommen wird. Diese Methode bietet bei geplanten disruptiven Innovationen einen Mehrwert, da bspw. Cross-Industry-Innovationen systematisch erarbeitet werden können. Eine crossindustrielle Innovation bietet ein höheres Potenzial zu einer disruptiven Neuerung, da sie Trends verschiedener Branchen vereint. So kann eine marktfremde Innovation bspw. auf den eigenen Markt übertragen und nutzbar gemacht werden. Die Suchfeldanalyse ist entsprechend an die zuvor festgelegten Wachstumsstoßrichtungen anzupassen (vgl. Gassmann und Wecht 2013, S. 28 ff.; Großklaus 2014, S. 95 f.).

	Markttrend		
	A	B	C
1	1A	1B	1C
2	2A	2B	2C
3	3A	3B	3C

Technologietrend

Abb. 3.5 Suchfeldanalyse-Matrix. (Vgl. Gassmann und Wecht 2013, S. 31)

7. Im siebten Schritt werden die zuvor analysierten Trends zu relevanten **Herausforderungen** für und Anforderungen an das Unternehmen zusammengefasst (vgl. Gassmann und Wecht 2013, S. 31 ff.). Diese sind die Voraussetzung für die folgende Entwicklung der Strategie. Ein nützliches Instrument zur Schaffung dieser Grundlage ist die Szenarioanalyse. Sie hilft, wie in Abschn. 2.4 beschrieben, verschiedene mögliche Zukunftsszenarien zu entwickeln. Beteiligte Unternehmensbereiche in diesem Schritt sind die Forschung und Entwicklung, die Produktion, das Marketing und das Topmanagement (vgl. Gassmann und Wecht 2013, S. 31 ff.). Von ihnen hat das Innovationsmanagement Meinungen zu den identifizierten Herausforderungen einzuholen. In dieser funktionsübergreifenden Diskussion sind hauptsächlich Entwicklungen der nächsten fünf bis zehn Jahre relevant.

8. Der achte Schritt analysiert die vorhandenen **internen Kompetenzen.** Diese sind zunächst das Wissen und die Fähigkeiten der Mitarbeiter (vgl. Gassmann und Wecht 2013, S. 31 ff.).

9. Daraufhin wird die Analyse der intern verfügbaren Technologien auf die bereits identifizierten Herausforderungen angewandt. Ein Instrument dazu ist das St. Galler **Technologieportfolio** (siehe Abb. 3.6). Ziel dieser Methode ist die Klassifizierung der unternehmensinternen Kompetenzen und daraufhin die Identifikation der Kernkompetenzen. Die Klassifizierung erfolgt nach der strategischen Bedeutung und der Ressourcenstärke (vgl. Gassmann und Wecht 2013, S. 31 ff.). Die Einordnung der strategischen Bedeutung erfolgt nach ihrem Nutzen für die mithilfe von Trendforschung herausgestellten Herausforderungen. Je besser eine Technologie zu einem identifizierten Trend (Schritte 3–5, 7) passt, desto höher ihre strategische Bedeutung. Die Einordnung nach Ressourcen bewertet die Fähigkeiten des Unternehmens im Verhältnis zum Wettbewerb.

Dabei sind nicht nur die Mitarbeiter als Ressourcen, sondern auch produktionsseitige, vertriebliche und sonstige interne Kompetenzen zu betrachten. Die Auswertung des Diagramms ermöglicht eine Zuordnung der Technologien zu den Bereichen Identifizieren, Experimentieren, Investieren, Optimieren und Abbauen, die eine Richtung geben, wie mit den Technologien verfahren werden sollte (vgl. Gassmann und Wecht 2013, S. 31 ff.; siehe Abb. 3.6). Dieses Instrument kann zur Erfassung des Ist-Zustandes und zur Definition des zukünftigen Zustandes verwendet werden. Die Zukunftsperspektive definiert den Zustand des Portfolios in drei bis fünf Jahren. Sie sollte unter Berücksichtigung mittelfristiger Trends stattfinden, die in diesem Zeitraum Einfluss auf die strategische Bedeutung der Technologien haben könnten. Dazu kann auch eine Roadmap verwendet werden. In der

Abb. 3.6 Technologieportfolio. (Gassmann und Wecht 2013, S. 32 f.)

Innovationsstrategie definiert sie den Entwicklungspfad für die folgenden drei bis acht Jahre (vgl. Gassmann und Wecht 2013, S. 31 ff.).

10. Im vorletzten Schritt der Strategieentwicklung sind die **Kernkompetenzen** aus der Portfolioanalyse herauszufiltern. Die Technologien des Bereichs *Investieren* und teilweise auch *Optimieren* entsprechen den Kernkompetenzen des Unternehmens. Aufgrund des Anspruchs eines effizienten Ressourceneinsatzes ist der Beschreibung der Technologieportfolio-Bereiche zu folgen. In diese Kernkompetenzen ist demnach zu investieren und sie sind zu optimieren, da sie einen Wettbewerbsvorteil bieten, der ausgebaut werden sollte (vgl. Gassmann und Wecht 2013, S. 31 ff.; siehe Abb. 3.6).

11. Der letzte Schritt ist die Erstellung eines **Aktionsplans.** Dieser definiert die Handlungsanweisungen zur Entwicklung der in den vorherigen Schritten festgelegten zukünftigen Kernkompetenzen (vgl. Hofbauer 2013, S. 38 f.; Vahs und Brem 2015, S. 135). Die Aufgaben der drei zugrunde liegenden Ebenen (vgl. S. 21), insbesondere der strategischen und operativen, überschneiden sich teilweise, sodass die Grenzen fließend sind. Dies verdeutlicht, dass die Phasen nicht unabhängig voneinander betrachtet werden dürfen.

Prozess zum Management von Markeninnovationen

In den vorstehenden Abschnitten wurden die Herleitung einer markenkonformen Innovationsstrategie sowie die Überprüfung selbiger dargelegt. Ergänzend steht nachfolgend die Umsetzung der Strategie in Markenleistungen im Fokus. Eine wesentliche Problematik des Innovationsmanagements der Praxis besteht darin, dass in diesem Zusammenhang keine klar strukturierten Prozesse festgelegt werden. Häufig werden innovative Leistungen nicht strukturiert, sondern eher intuitiv hergeleitet. Gassmann und Sutter (2013, S. 41 f.) begegnen diesem Defizit mit ihrem Modell des zweigeteilten Innovationsprozesses (siehe Abb. 3.7; vgl. auch Voeth und Herbst 2013, S. 297).

Das Modell teilt die operative Umsetzung der Innovationsstrategie in die frühe „Wolkenphase" und die späte „Bausteinphase". Wie bereits zu Anfang dieses Abschnitts erwähnt, ist die frühe Phase der Kreativität und Generierung von Ideen gewidmet, während die späte Phase klarer strukturiert und systematischer abläuft (vgl. Gassmann und Sutter 2013, S. 41 f.).

Die **Wolkenphase** umfasst die Phasen der Vorentwicklung. Sie ist langfristig, kostengünstig und wenig strukturiert. Den normativen Rahmen, den Führungskräfte den Mitarbeitern in dieser Phase geben, beschränkt sich insbesondere auf die Markenidentität als Orientierungsrahmen mit Vision, Mission, Leitbild und Werten der Marke. Ihnen sollte viel Freiraum für kreative Gestaltung zur Verfügung stehen, aber dennoch Vorgaben, insbesondere bezüglich Zeitpunkten z. B. für Zwischenstände und Rückmeldungen, gegeben werden (vgl. Gassmann und Sutter 2013, S. 41 f.).

Die Wolkenphase teilt sich in zwei Teilphasen auf. Die erste Phase besteht aus den drei Bestandteilen Suchfeldanalyse, Portfolioanalyse und Kernkompetenzen. Die Grenzen zwischen operativer und strategischer Ebene verschwimmen hier offensichtlich, da die Analyse dieser Elemente bereits Bestandteil der Strategieentwicklung ist. Ideen der Mitarbeiter und Kunden, die wissenschaftliche Forschung und Technologie, Markttrends und Gap-Analysen sind die Quellen für die genannten Instrumente in dieser Phase. Daraus ist die sogenannte Business-Idee zu entwickeln. Sie beschreibt, welchen Nutzen eine Idee bietet und zu welchem Preis sie am Markt abgenommen würde (vgl. Gassmann und Sutter 2013, S. 41 f.).

Die zweite Teilphase der Wolkenphase ist die der Machbarkeit. Hier ist zu prüfen, ob die zuvor entwickelte Business-Idee in technischer, marktlicher und unternehmerischer Hinsicht umsetzbar ist. Bei der Überprüfung der technischen Machbarkeit werden Labormuster (Mockups) und Prototypen erstellt. Zweck dieser Prüfung ist die genaue Festlegung des zu entwickelnden Produktes. Es ist also eine Zieldefinition gefordert. Dazu werden hier auch die Anforderungen und Randbedingungen festgelegt.

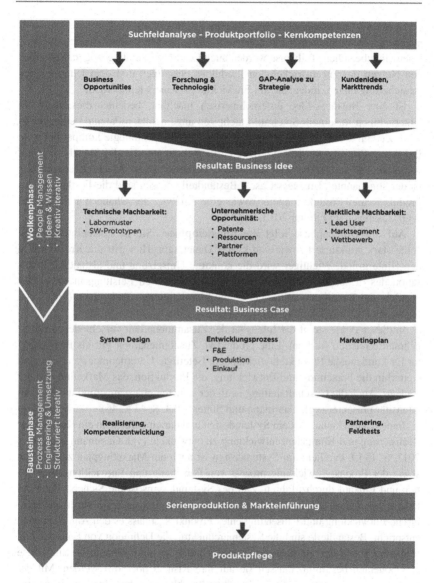

Abb. 3.7 Zweigeteilter Innovationsprozess. (Gassmann und Sutter 2013, S. 40)

Bezüglich der marktlichen Machbarkeit ist zu prüfen, welche Umsätze unter gegebenen Bedingungen zu erwarten sind. Hier sind Markt- und Wettbewerbsanalysen einzubeziehen. Teilweise werden auch Lead User zurate gezogen. Sie sollen den Nutzen des zu entwickelnden Produktes bestätigen und dem Unternehmen Absicherung bieten, indem sie am Entwicklungsprozess teilnehmen.

Ist eine Business-Idee unternehmerisch machbar, bedeutet dies, dass ein Unternehmen in seinem Spielraum nicht von angemeldeten Patenten eingegrenzt wird. Zudem sollte sie mit der bestehenden Gleichteilestrategie kompatibel sein. Bei dieser Prüfung werden mögliche Partnerschaften sowie die Machbarkeit mit den vorhandenen Ressourcen analysiert. Ergebnis dieser Machbarkeitsprüfung ist der sogenannte „Business Case". Bestandteile dessen sind die Festlegung des Produktes und Produktrahmens sowie eine Analyse der Chancen und Risiken (vgl. Gassmann und Sutter 2013, S. 42 f.).

Auf die Wolkenphase folgt die **Bausteinphase**. Sie ist kostenintensiv und sollte stark strukturiert sowie von kurzer Dauer sein. Hier tritt die Kreativität in den Hintergrund. Wichtiger wird die konkrete Umsetzung und alsbaldige Realisation des in der Wolkenphase erarbeiteten innovativen Leistungsansatzes. Das Handeln der Beteiligten sollte hier einem klar definierten Ziel folgen (vgl. Gassmann und Sutter 2013, S. 43 ff.).

In dieser Phase steigt die Intensität der Zusammenarbeit verschiedener Unternehmenseinheiten stark an. Eine produktive Zusammenarbeit gilt als Erfolgsfaktor für kundennahe Produktentwicklungen. Beteiligte Unternehmensbereiche sind weiterhin die Forschung und Entwicklung, die Produktion, das Marketing und der Einkauf. Auch die Geschäftsleitung ist in der Bausteinphase aufgrund der Kostenintensität präsenter (vgl. Gassmann und Sutter 2013, S. 43 f., 46).

In der Bausteinphase ist ein Systemdesign und darauf aufbauend ein Konzept zur Realisierung und Kompetenzentwicklung zu entwickeln (vgl. Gassmann und Sutter 2013, S. 43 f.). Parallel zum Systemdesign ist auch ein Marketingplan zu erstellen sowie der Produktentwicklungsprozess von Forschung und Entwicklung, Produktion und Einkauf durchzuführen. Ziel des Systemdesigns ist die Sicherstellung der technischen Umsetzbarkeit des definierten Produktkonzeptes. Es definiert die technische Entwicklung und Umsetzung eines Produktes, sodass es den Anforderungen entspricht. Bestandteile sind die Systemarchitektur, die Definition von Software und Hardware sowie der zu verwendenden Technologien und Werkstoffe. Sind diese Komponenten bestimmt, müssen sie auf ihre Risiken überprüft werden. Mit der Definition des Systemdesigns als Grundlage überblickt das Projektmanagement den Entwicklungsprozess und weist die einzelnen Entwicklungsaufgaben entsprechend kompetenten Teams zu. Es schätzt darüber hinaus die Aufwendungen und den Kundennutzen ein. Zeitgleich zur Systemdesign-Konzeption hat das Marketing einen

Marketingplan zu entwickeln. Dieser umfasst u. a. die Marketingstrategien und die Konzeption der Preis-, Distributions- und Kommunikationspolitik (vgl. Gassmann und Sutter 2013, S. 43 f.).

Dieser Innovationsmanagement-Prozess ist von Wiederholungen geprägt und verläuft nicht starr linear, sodass eine regelmäßige Anpassung, insbesondere an Rückmeldungen der Zielgruppe, möglich ist. Wichtig ist auch die unternehmensspezifische Anpassung des Prozessmodells, da dieses einen idealtypischen Prozess abbildet (vgl. Gassmann und Sutter 2013, S. 44, 47). Ist dieser Prozess schließlich abgeschlossen, beginnt die Serienproduktion und die Markteinführung gemäß der festgelegten Konzepte (vgl. Gassmann und Sutter 2013, S. 40).

Der zweigeteilte Prozess trennt, im Gegensatz zu anderen Innovationsmanagementprozess-Modellen, die unstrukturierte, frühe Phase bildlich von der strukturierten, konzentrierten Entwicklungsphase. Er bildet eine geeignete Grundlage für die Darstellung der Rolle von Trendforschung im Innovationsmanagement, da anzunehmen ist, dass die Trendforschung eher in der frühen denn der späten Bausteinphase stattfindet. Als vorgelagerter Filter wirkt hier die Innovationsstrategie gemäß des Drei-Ebenen-Modells (vgl. Abb. 3.2).

3.4 Erkenntnisse für das operative Markenmanagement

Die Bestandteile der erläuterten Modelle zeigen auf, welche internen und externen Faktoren welchen Einfluss auf das Innovationsmanagement im Speziellen und auf die Markenführung im Gesamten haben.

Die Relevanz von Innovationen im Markenmanagement ist unumstritten: Für einen nachhaltigen Unternehmenserfolg ist es zwingend erforderlich, regelmäßig zu innovieren – insbesondere in schnelllebigen Märkten. Trendbasiertes Innovationsmanagement bietet Unternehmen die Chance, mit ihren Marken langfristig profitabel zu arbeiten. Im laufenden Produktmanagement kann in diesem Zusammenhang eine Produktinnovation, -verbesserung oder -differenzierung angestrebt werden (vgl. Abschn. 3.1).

Im gesamten Vorgehen zur Entwicklung ist jedoch die Ganzheitlichkeit zu wahren. Dies bedeutet, im gesamten Prozess zum Management innovativer Markenleitungen ist Stringenz zwischen den Ebenen (normative, strategische, operative) herzustellen und deren jeweiligen Bestandteile sind aufeinander abzustimmen. Diese Stringenz in der Markenführung ist relevant, um nach außen hin ein dauerhaft einheitliches Bild der Marke zu kommunizieren (vgl. Haller und Twardawa 2014, S. 143; Wichert 2007, S. 55).

Die beschriebenen Modelle befassen sich mit relevanten Themen wie der Ganzheitlichkeit des Innovationsmanagements, der systematischen Strategieentwicklung und der Rolle der Strategie als Filter im operativen Produktentwicklungsprozess. Sie erfassen jedoch noch nicht die Ganzheitlichkeit und konkreten Zusammenhänge, auf die im Modell der drei Ebenen so besonders aufmerksam gemacht wird. Außerdem erfassen sie den Erfolgsfaktor Trendforschung entweder gar nicht oder nicht im erforderlichen Umfang. Die Trendforschung wird häufig nur als reine Quelle zur Ideengenerierung im Innovationsmanagement genannt (vgl. Hauschildt et al. 2016, S. 148 f.; Müller-Prothmann und Dörr 2014, S. 95; Vahs und Brem 2015, S. 230). Eine Lücke, die im Rahmen der folgenden Ausführungen geschlossen werden soll.

Ein erweitertes Modell für trendbasiertes Innovationsmanagement

4

Die bisher beschriebenen Modelle und Strategien zur Herbeiführung innovativer Markenleistungen leisten einen wichtigen Beitrag zur strukturierten Herleitung innovativer Leistungsportfolios von Markenanbietern. Die jeweiligen Prüfschemata wurden in der Innovationsforschung bisher weitgehend getrennt voneinander betrachtet. Das **holistische Innovationsmodell** (siehe Abb. 4.1) baut erstmalig eine bedeutende Brücke zwischen dem Drei-Ebenen-Modell (siehe Abb. 3.2), dem Stufenmodel zur Entwicklung einer Innovationsstrategie (siehe Abb. 3.3) und dem zweigeteilten Innovationsprozess (siehe Abschn. 3.3; Abb. 3.7). Zudem schließt dieses Kapitel die Lücke zwischen dem eher technisch-naturwissenschaftlichen Innovationsmanagement und der eher sozialkulturell-geisteswissenschaftlichen Trendforschung. Dazu beschreibt es im Folgenden zunächst den Grundgedanken des holistischen Innovationsmodells, und geht hierauf aufbauend detailliert auf die zielgerichtete Integration der Trendforschung in das modellbasierte Innovationsmanagement ein.

4.1   Das holistische Innovationsmodell

Das **holistische Innovationsmodell** nimmt grundsätzlich die Dreigliedrigkeit des Konzepts des ganzheitlichen Innovationsmanagements auf, konkretisiert jedoch die Handlungserfordernisse der jeweiligen Stufen deutlich. Das heißt, das Modell kombiniert den Grundgedanken, das Innovationsmanagement auf der normativen, strategischen und operativen Ebene gleichermaßen führen zu müssen, mit dem konkreten Prozess zur Entwicklung einer Innovationsstrategie und der abschließenden operativen Umsetzung im Sinne einer innovativen Leistungsentwicklung.

In einem zweiten Schritt integriert das **holistische Innovationsmodell** die häufig nur implizit angeführte Disziplin der Trendforschung in den Prozess des

© Springer Fachmedien Wiesbaden GmbH 2018
C. Duncker und L. Schütte, *Trendbasiertes Innovationsmanagement,*
essentials, https://doi.org/10.1007/978-3-658-19871-8_4

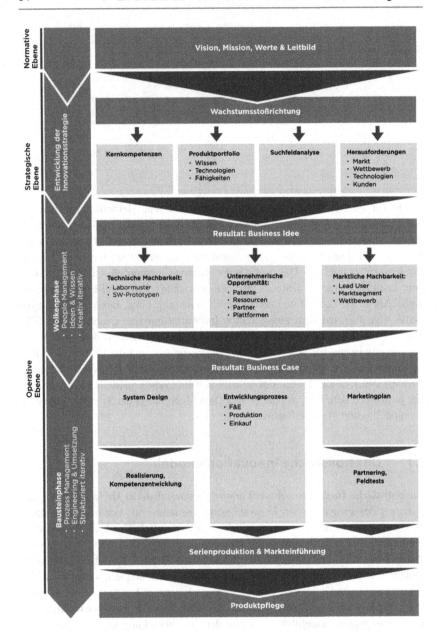

Abb. 4.1   Das holistische Innovationsmodell

Innovationsmanagements von Markenanbietern. Im Zentrum steht eine systematische Fusion der Disziplinen Innovationsmanagement und Trendforschung: Die übersichtliche Darstellungsweise zeigt die optimale Zuordnung der spezifischen Trendforschungsinstrumente zu den einzelnen Prozessschritten des holistischen Innovationsmanagements. Dadurch wird für das Brand Management künftig deutlich transparenter, welche Entscheidungen auf welcher Stufe der Leistungsentwicklung von Markenangeboten mittels welcher Form der Trendforschung abgesichert werden können. Die hier verwendete lineare Darstellungsweise dient der vereinfachten Abbildung des holistischen Innovationsmanagements und dessen mehrdimensionalen Aufgabenstellungen. Der Prozess ist in der Praxis durch eine Vielzahl von Wiederholungsschleifen und Prüfungen geprägt.

Die Ausführungen in Kap. 3 haben gezeigt, welchen Nutzen die Trendforschung dem Innovationsmanagement bietet. Es wurde jedoch auch festgestellt, dass übersichtliche Hinweise fehlen, welche Form der Trendforschung zu welchem Zeitpunkt und in welchem Umfang zum Einsatz kommen sollte. Im Folgenden sind die relevanten Instrumente den einzelnen Ebenen und Phasen zugeordnet, sodass Markenmanager künftig im Innovationsprozess einen Überblick über die richtigen Instrumente und deren Nutzen haben. Das interdisziplinär veranlagte Modell bietet Entscheidungsträgern der markenführenden Wirtschaft eine ebenso ganzheitliche wie innovative Entscheidungshilfe. Es ermöglicht eine Optimierung für die antizipative Markenentwicklung und kann somit zum Ausbau des Markenerfolgs beitragen (siehe Abb. 4.2).

Diese Darstellung zeigt auch, dass im Verlauf eines Innovationsprojekts, welches je nach Wirtschaftsbereich mehrere Monate bis Jahre in Anspruch nimmt, verschiedene Formen der Trendforschung angewendet werden müssen. Dies ist erforderlich, um Marktopportunitäten und -risiken im Projektverlauf rechtzeitig antizipieren zu können. Das holistische Innovationsmodell zeigt, in welcher Phase des Innovationsmanagements welche Form der Trendforschung in welchem Umfang zum Einsatz kommen sollte. Hierüber hinaus zeigt es, dass die Analyse von Trends kein einmaliger Vorgang sein darf.

Wie auch in Abschn. 2.3 fokussiert das Modell die in der Praxis bedeutendsten Instrumente, welche zudem nach ihrer speziellen Relevanz für ein Unternehmen auszuwählen respektive anzupassen sind. Die meisten dienen dazu, neue Entwicklungen aufzudecken, schwache Signale zu überprüfen und zu verfolgen. Sie helfen, bereits diagnostizierte Trends zu beobachten, diese schließlich zu analysieren und zu evaluieren. Höherer Zweck der Instrumente ist die Aufdeckung und Überprüfung von Innovationspotenzialen. Dazu ist notwendig, über die vier Phasen des **holistischen Innovationsmodells** die Ergebnisse der einzelnen Instrumente zu verknüpfen und Wirkungszusammenhänge herauszustellen.

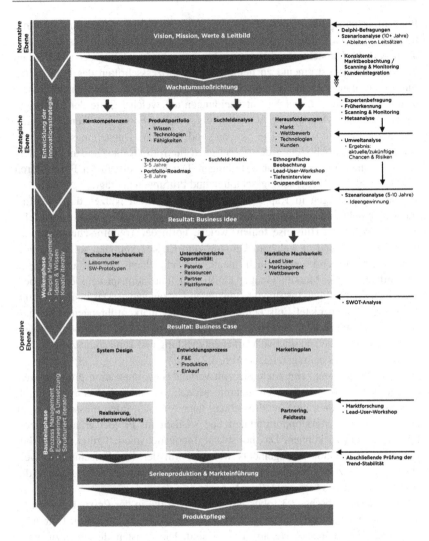

Abb. 4.2 Instrumente der Trendforschung im holistischen Innovationsmodell

Normative Ebene
Zu Beginn ist die Grundlage für ein markenkonformes Innovationsmanagement
zu schaffen. Diese wird dargestellt von der normativen Ebene. Die Elemente der
normativen Ebene sind in jeder Phase des Innovationsmanagements als Richtlinie
zu beachten (vgl. Gassmann 2013, S. 6 f.).
    Bei der Festlegung einer langfristigen Markenvision und -identität liefert die
Szenarioanalyse wertvolle Informationen über die unternehmensrelevanten Entwicklungen der spezifischen Umwelt (vgl. Geschka et al. 2013, S. 97). Delphi-
Befragungen, als Form der Expertenbefragung, können eine besonders hohe
Betrachtungsreichweite der Zukunft haben, die in etwa mindestens die nächs-
ten 30 Jahre berücksichtigt (vgl. Cuhls 2009, S. 213 f.). Dadurch stellen Dephi-
Befragungen eine ideale Informationsgrundlage für die Szenarioanalyse dar.

Entwicklung der Innovationsstrategie
Die Innovationsstrategie gilt als mittel- bis langfristiger Rahmen aller innovati-
onsbezogenen Entscheidungen und Maßnahmen im Markenmanagement. Zur
Entwicklung einer Innovationsstrategie ist zunächst die Wachstumsstoßrichtung
festzulegen. Dazu kann die Produkt-Markt-Matrix von Ansoff behilflich sein (vgl.
Kerth et al. 2015, S. 180 ff.). Die Wachstumsstoßrichtung sollte langfristig orien-
tiert sein, da sie eine grundsätzliche Entwicklungsrichtung vorgibt.
    Bei den nächsten Schritten im Innovationsmanagement überschneiden sich die
strategische und die operative Ebene teilweise. Hier sind die Herausforderungen
des Umfeldes an ein Unternehmen zu identifizieren und zu evaluieren. Mithilfe
der Trendforschungstools Expertenbefragungen, Früherkennung, Scanning und
Monitoring sowie Metaanalysen gilt es, Informationen und Einschätzungen über
aktuelle Entwicklungen, Veränderungen zu vergangenen Erhebungen und mögliche langfristige Trends zu generieren. Dabei sind der gesamte Markt, der Wettbewerb, Technologien und auch Kunden bzw. Zielgruppen zu betrachten.
    Die Kundenebene kann darüber hinaus mit weiteren Instrumenten auf Trends
und Innovationspotenzial hin untersucht werden. Die ethnografische Beobachtung
gibt Einblicke in mögliche Veränderungen des Konsumverhaltens oder der Kundenanforderungen sowie Einblicke in weitere Problembereiche bei der Nutzung
eines Produktes, sodass daraus Innovationsoptionen abgeleitet werden können
(vgl. Leisse 2012, S. 33 ff., 40; Stahl und Meyer-Höllings 2013, S. 133 ff.). Die
Ergebnisse dieser Beobachtungen haben eine relativ kurze zeitliche Reichweite,
da das Konsumverhalten sich schnell verändern kann. Somit muss dieses häufiger
überprüft werden. Tiefeninterviews und Gruppendiskussionen dienen außerdem
der Gewinnung eines Überblicks über Veränderungen und dem Herausfiltern von
Motiven und Beweggründen für bestimmtes Verhalten (vgl. Leisse 2012, S. 40;

Raab et al. 2009, S. 33 f., 38; Simon 2011, S. 196; Stahl u. Meyer-Höllings 2013, S. 135).

Lead-User-Workshops können Unternehmen an dieser Stelle helfen, Sachverhalte aus anderen Perspektiven zu betrachten, und Impulse für Verbesserungen der Produkte und Innovationen geben. Lead User können im Rahmen von Open Innovation in den gesamten Innovationsprozess einbezogen werden, finden an den in Abb. 4.2 hervorgehobenen Teilphasen jedoch besondere Bedeutung. Mithilfe dieses Instrumentes können kurze bis langfristige Trends erkannt werden. Dazu ist jedoch eine stetige Anwendung zur Verfolgung der Entwicklung vonnöten. Nur so kann ein Trend in eine Hierarchie und einen Lebenszyklus eingeordnet werden (vgl. Belz und Schögel 2007, S. 199; Springer Fachmedien Wiesbaden GmbH 2013, S. 171; Gassmann und Sutter 2013, S. 28, 42 ff.).

Operative Ebene – Wolkenphase

Die Umweltanalyse fasst die bisherigen Ergebnisse zusammen und stellt Chancen und Risiken einer Marke für zukünftige Leistungsoptionen heraus. Sie ist zudem die Voraussetzung für die folgende Szenarioanalyse, da sie den Durchführenden ein tieferes Verständnis der möglichen Einflussfaktoren gibt (vgl. Vahs und Brem 2015, S. 123). Aus diesen Informationen gilt es, Ideen für Innovationen zu gewinnen (vgl. Gassmann und Sutter 2013, S. 41 f.).

Zur Identifikation von Potenzialen für radikalere Innovationen kann an dieser Stelle außerdem eine Suchfeldanalyse durchgeführt werden. Sie stellt Markt- und Technologietrends in einer Matrix in Verbindung zueinander, sodass Suchfelder mit Innovationspotenzial aufgedeckt werden können. In Folge der Interdisziplinarität und des hohen Innovationsgrades betrachtet diese Analyse einen mittel- bis langfristigen Zeithorizont.

Im nächsten Analyseschritt stehen die unternehmensinternen Ressourcen im Vordergrund. Im Produktportfolio ist zu prüfen, ob sich eventuelle Innovationsideen mit bestehenden Produkten oder Projekten überschneiden oder sich behindern. Die Anwendung der Technologieportfolio-Analyse gibt Auskunft über die Bedeutung verschiedener Technologien im Unternehmen, aus denen je nach Einordnung eine Handlungsempfehlung abzuleiten ist. Sämtliche Informationen über die internen Ressourcen, wie das Wissen und die Fähigkeiten der Mitarbeiter, sind in die Analyse zu integrieren. Ist die gegebene Situation erfasst, kann mithilfe des Technologieportfolios der zukünftige Zustand in drei bis fünf Jahren geplant werden (vgl. Gassmann und Sutter 2013, S. 41 f.; Gassmann und Wecht 2013, S. 32 ff.; Hofbauer 2013, S. 38 f.; Vahs und Brem 2015, S. 135).

Eine Reichweite von drei bis acht Jahren umfasst die zweckähnliche, jedoch vorwiegend zur Ressourcenplanung verwendete Technologie-Roadmap (vgl. Gassmann und Sutter 2013, S. 42; Müller und Müller-Stewens 2009, S. 238;

Schüll 2009, S. 229). Aus dem Portfolio sind daraufhin die Kernkompetenzen eines Unternehmens abzuleiten. Die Reduzierung auf Kernkompetenzen dient der Ressourcenbündelung und verhilft zu einem effizienten Innovationsmanagement. Sie geben einen ersten Leitrahmen für die Berücksichtigung von Trends und die Auswahl von Ideen, damit neue Produktentwicklungen einerseits über einen Markenfit verfügen und andererseits zukünftig auch produzierbar sind.

In der zweiten Teilphase der Wolkenphase ist die technische, unternehmerische und die marktliche Machbarkeit der Business-Idee zu überprüfen. Hier sind kaum bis keine trendbezogenen Instrumente einzusetzen (vgl. Gassmann und Sutter 2013, S. 42 f.; Geschka et al. 2013, S. 97). Zum Abschluss der Wolkenphase können die Analyseergebnisse mithilfe einer SWOT-Analyse zusammengefasst werden. Sie umfasst die unternehmensinternen Stärken und Schwächen im Vergleich zum Wettbewerb sowie die unternehmensexternen Chancen und Risiken. Die SWOT-Analyse kann als Grundlage zur Definition der zu entwickelnden Innovation dienen. Die festgelegten Innovationseigenschaften sind dann im Business Case zusammenzufassen (Geschka et al. 2013, S. 97; Großklaus 2014, S. 63; Kerth et al. 2015, S. 232).

Operative Ebene - Bausteinphase
In der späteren Phase des Innovationsprozesses finden ebenfalls wenige Instrumente der Trendforschung Einsatz. Wichtig in der Entwicklungsphase ist die Prüfung des Kundennutzens. Mithilfe von Marktforschung und Lead-User-Workshops finden eine erneute Abfrage von aktuellen bzw. zukünftigen Kundenbedürfnissen und -anforderungen sowie die Bewertung des entwickelten Produktes durch die Zielgruppe statt. Die Instrumente bilden zu diesem Zeitpunkt vorwiegend die gegebene Situation ab und können kaum Aussagen über zukünftige Entwicklungen treffen (vgl. Stahl und Meyer-Höllings 2013, S. 133).

Vor der abschließenden Freigabe und dem Beginn der Serienproduktion sind außerdem die Trends, die der Innovation als Basis dienen, einer erneuten Stabilitätsprüfung zu unterziehen. Es ist wichtig zu wissen, ob anfangs identifizierte Entwicklungen und Potenziale noch immer Bestand haben oder sie sich anders entwickelt haben als prognostiziert.

Es zeigt sich, dass die zeitliche Reichweite der Instrumente je nach Fragestellung unterschiedlich ausgeprägt ist. Die Reichweite aller Maßnahmen nimmt je Phase und Ebene des Innovationsmanagements jedoch ab. Die Vision und Identität einer Marke sollten als sehr langfristig und institutionell gelten können. Die Wolkenphase nimmt zudem einen größeren Zeitraum ein als die klar strukturierte Bausteinphase, sodass die Methoden der Wolkenphase eine deutlich größere Reichweite haben.

Vor, während und nach dem gesamten Prozess ist konsistent eine Beobachtung der Umwelt durchzuführen. Mithilfe von Scanning und Monitoring sollen Trends aus dem Markt, der Technologie, der Gesellschaft, insbesondere der Zielgruppen und Kunden, dem Wettbewerb oder auch der Politik erkannt und laufend evaluiert werden. Eine konsistente Beobachtung kann vermeiden, dass Unternehmen neue Trends oder Trendumbrüche nicht rechtzeitig erkennen.

Eine aktive Kundenintegration sollte ebenfalls im gesamten Prozess vorgenommen werden. Auf strategischer Ebene und in der frühen Phase des Innovationsprozesses ist diese jedoch besonders nützlich. Sie fungiert als Spiegel gegebener beeinflussender Trends und ermöglicht die Analyse des Einflusses bestimmter Trends auf die Kunden.

4.2   Erfolgsfaktoren für die Integration der Trendforschung in das Innovationsmanagement – Ableitungen für die Praxis

Ein maßgeblicher Wertbeitrag der Trendforschung zum Innovationsmanagement ist frühzeitiges Erkennen relevanter Entwicklungen in der Gesellschaft, Technik und allen weiteren relevanten Feldern (vgl. Kap. 2). Wissenschaftlich angewendet gilt sie als Erfolg versprechend, da Unternehmen sich auf Basis ihrer Erkenntnisse rechtzeitig auf diese Entwicklungen einstellen können. Die Früherkennung dient außerdem dazu, eine Trendsättigung rechtzeitig zu erkennen, wodurch ebenfalls ein Innovationsprozess angestoßen wird. Trotz der in Abschn. 2.4 genannten Probleme der Früherkennung können die Risiken z. B. minimiert werden, indem die Ausbreitung eines Trends in anderen Ländern betrachtet wird. Sind im deutschen Raum schwache Signale erkennbar, kann deren Ursprung zurückverfolgt werden. Ist dieser z. B. in den USA, kann die Analyse der dortigen Entwicklung Aufschluss über die wahrscheinliche Entwicklung in Deutschland geben (vgl. Ascheberg 2009, S. 105 ff.).

Sind Trends als solche identifiziert, sollten sie nach ihrer Relevanz für eine Marke gefiltert werden, da eine übermäßige Nutzung vieler verschiedener Trends das Markenbild verwässern kann. Eine Filterung zur Herausstellung der relevanten und chancenreichen Trends kann nach verschiedenen Kriterien stattfinden. Trends, die als Basis zur Produktentwicklung dienen sollen, müssen Differenzierungspotenzial aufweisen. Das primäre Ziel des Innovationsmanagements ist grundsätzlich das Erlangen einer Vorzugsposition bei den Konsumenten (vgl. Vahs und Brem 2015, S. 74) – und dies gelingt am besten und überzeugendsten durch den Aufbau **einer echten USP!**

Trendbasierte Leistungsentwicklungen haben sich der normativen Ebene einer Marke unterzuordnen. Ein „Marken- und Werte-Fit" einer trendbasierten Innovation ist zwingend notwendig, um ein einheitliches Markenbild zu unterstützen (Duncker und Brandt 2015). Das gleichzeitige Einhalten eines konsistenten Markenbildes ist von großer Bedeutung, um die Wiedererkennbarkeit der Marke bei den Konsumenten sicherzustellen (vgl. Belz et al. 2007, S. 13; Scheier und Held 2012, S. 140).

Auch die Kompetenzen eines Unternehmens müssen möglichen trendbasierten Leistungsentwicklungen entsprechen. Die Kompetenz einer Innovation ist hierbei auf die zentrale Kernkompetenz der Marke zu beschränken. So kann eine Komplexitätsreduktion bei gleichzeitiger Konzentration der Ressourcen stattfinden und schließlich die Effizienz des Innovationsmanagements gesteigert werden (vgl. Belz et al. 2007, S. 10; Belz und Schögel 2007, S. 199). Für die Wahrung eines konsistenten Markenbildes und ausschließlich zukunftsgerichtete Maßnahmen müssen, je nach Ebene gemäß holistischem Markenmodell, immer lang- und mittelfristige Trends gleichermaßen erfasst werden.

Nach Filterung der relevanten Trends sind diese zusätzlich sorgfältig hinsichtlich ihrer spezifischen Markenkonformität zu analysieren, Chancen und Risiken abzuwägen und das Potenzial darauf aufbauender Innovationsideen und Maßnahmen ist zu erörtern (Belz et al. 2007, S. 6).

Alle trendinitiierten Maßnahmen sollten an die strategischen internen und externen Stakeholder einer Marke, wie z. B. den Kunden und die Zielgruppe, angepasst sein (vgl. Hofbauer und Sangl 2011, S. 83; Hofbauer und Wilhelm 2015, S. 10). Insbesondere die Anpassung an die Kundenbedürfnisse und -anforderungen beeinflusst den Erfolg. Dazu ist eine eingehende Kundenanalyse erforderlich. Basierend hierauf sind die marktspezifischen Anforderungen in der Innovationsstrategie zu verankern. Diese fungiert als Filter für relevante Trends und Ideen. Während des gesamten Innovationsprozesses müssen die Erkenntnisse laufend validiert werden. Eine ständige Beobachtung stellt sicher, dass eine Innovation nicht auf veralteten oder eventuell ungültigen Analysen beruht (vgl. Gassmann 2013, S. 7; Hofbauer und Wilhelm 2015, S. 19).

Zur Sicherstellung von marktorientierter Entwicklung kann auch die Integration der Kunden in den Innovationsprozess Hilfe leisten. Als eine Form der Open Innovation gilt sie als Erfolgsfaktor der trendbasierten Produktentwicklung. Werden die Kunden in den Innovationsprozess integriert, können Trends bezüglich der Wünsche, Präferenzen, des Verhaltens und der Bedürfnisse schneller erkannt werden. Die darauf folgende Filterung von Ideen und Technologien sowie die konkrete Entwicklung finden entsprechend näher am Konsumenten statt und erhöhen die Erfolgswahrscheinlichkeit einer Innovation (vgl. Esch 2014, S. 279;

Hauschildt et al. 2016, S. 244 f.; Kaschny et al. 2015, S. 221 f.; Vahs und Brem 2015, S. 86; Wentz 2008, S. 80).

Ein grundlegender Erfolgsfaktor ist das ganzheitliche Innovationsmanagement, also die Beachtung der normativen, strategischen und operativen Ebene unter Voraussetzung konsistenter Verknüpfung der Ebenen (vgl. Gassmann 2013, S. 8; Vahs und Brem 2015, S. 117).

Konsistentes Scanning und Monitoring von Trends sowie konsistente Überprüfung der Kundenbedürfnisse auf Veränderungen sollen vermeiden, dass Unternehmen Entwicklungen übersehen und verpassen. Eine dahin gehende Anpassung der Produktentwicklungsmaßnahmen, der gegenwärtigen Strategie oder bestehender Produkte im Portfolio stellt sicher, dass Unternehmen zeitgemäß auftreten. Ständige Beobachtungen haben insbesondere im eigenen Markt und auch bei Komplementär- und Substitutionsgütern stattzufinden.

Diese Maßnahmen finden vor, aber auch während des Innovationsprozesses statt, um eventuelle von den Annahmen abweichende Entwicklungen rechtzeitig zu erkennen (vgl. Schwarz et al. 2016, S. 73). Schnelligkeit in Reaktion und Umsetzung gilt als ein weiterer Erfolgsfaktor. Eine Voraussetzung dafür ist die Flexibilität, schnelle Entscheidungen treffen zu können, falls eine Entwicklung eine zeitnahe Reaktion fordert. Als beeinflussende Faktoren gelten unter anderem die Organisationsstruktur und die Kultur eines Unternehmens. Eine offene und flexible Unternehmenskultur fördert Ideen und eine zeitnahe Umsetzung dieser. Falls bspw. erkannt wird, dass eine Entwicklung anders verläuft, als zunächst eingeschätzt, ist Schnelligkeit gefordert. Eine direkte und umfangreiche Problemanalyse kann weitere Umsatzverluste vermeiden und dient dazu, die Chancen und Risiken der gegebenen Situation abzuwägen sowie die Strategie anzupassen. Schnelligkeit in Reaktion und Umsetzung kann mithilfe einer zentralen Entscheidungsfunktion gefördert werden (vgl. Disselkamp 2012, S. 54).

Riskant an einer schnellen Reaktion ist allerdings die Gefahr einer mangelhaften Trend- und Marktanalyse und somit das Risiko einer Fehlentscheidung. Eine Innovationskultur, das heißt eine innovationsorientierte Unternehmenskultur, ist allgemein relevant für die Förderung von Kreativität und Ideen sowie einer schnellen Umsetzung und Entwicklung von Innovationen. In Bezug auf die Bedeutung von Trends ist eine Innovationskultur förderlich, da Mitarbeiter und Führungskräfte um das Risiko von trendbasierter Produktentwicklung wissen und damit umgehen können (vgl. Hofbauer und Wilhelm 2015, S. 17). Flache Hierarchien und eine zentrale Entscheidungsgewalt ermöglichen schnelle Entscheidungen, um rechtzeitig neue Marktpotenziale zu erkennen und auf der Leistungsebene zu bedienen. Zuletzt sind Mitarbeiter und Führungskräfte einer solchen Unternehmenskultur Trends gegenüber, trotz ihrer Schwierigkeit zur Quantifizierung, offener (vgl. Disselkamp 2012, S. 54).

Zusammenfassung und Ausblick 5

Zielstellung dieses Essentials war, einen Überblick darüber zu geben, wie Innovationsentscheidungen mit Methoden der Trendforschung besser abgesichert werden können. Dazu wurden zunächst die theoretischen Grundlagen der Trendforschung und des Innovationsmanagements in der Markenführung dargelegt und schließlich in einen interdisziplinären Zusammenhang gestellt. Dieses Kapitel gibt einen abschließenden Überblick über die Phasen des holistischen Innovationsmanagements unter Beachtung relevanter Trendforschungsinstrumente und relevanter Erfolgsfaktoren.

Zusammenfassend ergeben sich die folgenden Handlungsempfehlungen für erfolgreiches Management innovativer Markenleistungen:

1. Die **normative Ebene** bildet die Grundlage ganzheitlichen Innovationsmanagements. Die Festlegung zukunftsgerichteter Leitlinien kann durch eine langfristig ausgelegte Szenarioanalyse mit Informationen aus Delphi-Befragungen unterstützt werden.
2. Auf Basis der normativen Ebene können daraufhin auf **strategischer Ebene** Wachstumsrichtungen festgelegt werden. Diese beeinflussen die anschließende Entwicklung der Innovationsstrategie, die bestimmt, in welche Richtung eine Markenleistung zu entwickeln ist.
   Unter Gebrauch von Expertenbefragungen, Früherkennung, Scanning, Monitoring, Metaanalysen, Tiefeninterviews oder Gruppendiskussionen gilt es, die Herausforderungen zu identifizieren, denen sich das Brand Management zu stellen hat. Die Herausforderungen umfassen Trends aus dem Markt, Wettbewerb, der Technologie und bezüglich der Kunden, bzw. Zielgruppen. Zur Früherkennung ist das Markenumfeld konsistent zu beobachten. Diese Kundenbedürfnisse können mittels ethnografischer Beobachtung oder Lead-User-Workshops

© Springer Fachmedien Wiesbaden GmbH 2018
C. Duncker und L. Schütte, *Trendbasiertes Innovationsmanagement,*
essentials, https://doi.org/10.1007/978-3-658-19871-8_5

untersucht werden. Der Erhebung der Kundenanforderungen kommt eine herausragende Rolle zu, da diese abschließend darüber entscheiden, ob ein Produkt Erfolg hat oder nicht.

3. Wurden **Trends** als solche identifiziert, sind sie nach ihrer Relevanz zu filtern. Sie müssen Differenzierungspotenzial aufweisen, langfristig stabil und mit den Kernkompetenzen der Marke vereinbar sein. Sie müssen sich außerdem in die genannte normative Ebene einfügen können und zur Marken- sowie Innovationsstrategie passen. Sind die relevanten Trends herausgestellt, müssen diese einer umfassenden Analyse unterzogen werden. Sie sind auf ihr Potenzial zu prüfen. Die Ergebnisse – inklusive der Chancen und Risiken – sind in einer Umweltanalyse festzuhalten. Die herausgestellten Informationen dienen der anschließenden optionalen Suchfeldanalyse als Grundlage.

4. Das **Produktportfolio** ist ebenfalls in die umfassende Analyse einzubeziehen. Es ist zu prüfen, ob trendbasierte Produktideen zu den weiteren Produkten des Produktportfolios einer Marke passen. In diesem Schritt sind außerdem die internen Ressourcen, wie das Wissen und die Fähigkeiten der Mitarbeiter und schließlich auch die Technologien, zu erheben. Die Technologien können mithilfe eines Technologieportfolios oder einer Roadmap mit einer Reichweite von drei bis fünf bzw. drei bis acht Jahren auf ihre Bedeutung hin analysiert werden.

5. Aus den gewonnenen Erkenntnissen sind daraufhin **Innovationsideen** abzuleiten. Dazu kann eine mittel- bis langfristig ausgerichtete Szenarioanalyse behilflich sein. In diese fließen die zuvor herausgestellten Trends als Herausforderungen ein. Außerdem bietet eine Suchfeldanalyse die optimale Voraussetzung zur Generierung neuartiger Ideen. Gleichzeitig ist darauf zu achten, die relevanten und Erfolg versprechenden Trends zeitnah in potenzielle Innovationsideen umzusetzen, da die Nutzung von Innovationspotenzialen einer schnellen Reaktion bedarf, um Wettbewerbsvorteile zu generieren.

6. Bei der **Machbarkeitsprüfung** sind auch Open-Innovation-Potenziale und die Möglichkeit zu Kooperationen zu prüfen. Aufgrund des Erfolgsfaktors hoher Kundenorientierung sind hier wiederholt die Bedürfnisse und Anforderungen der Zielgruppe zu erheben. In dieser Teilphase der Wolkenphase nimmt die Relevanz von unternehmensinterner Zusammenarbeit zu. Diese sollte für ein erfolgreiches Innovationsmanagement sichergestellt werden. Eine SWOT-Analyse kann die abschließenden Prüfungsergebnisse als Entscheidungsgrundlage zusammenfassen. Bei der Entscheidung für die zu entwickelnde Innovation ist aus den genannten Gründen ebenfalls eine hohe Reaktionsgeschwindigkeit gefordert.

7. In der **Bausteinphase** werden externe Partner stärker in den Entwicklungsprozess eingebunden, bereichsübergreifende Teams können förderlich sein. Insbesondere zur Entwicklung des Marketingplans ist eine Kundenintegration Erfolg versprechend, da die Maßnahmen so passgenau gestaltet werden können.

8. Zur **abschließenden Prüfung der Innovation** auf ihren Nutzen können Marktforschung und Lead-User-Workshops verwendet werden. Neben den Kundenanforderungen ist auch die Prüfung der Trend-Stabilität besonders relevant. Hier ist zu erheben, ob die Trends, auf denen eine Innovation basiert, sich so entwickeln, wie eingangs prognostiziert. Möglich ist an dieser Stelle, die eingangs herausgestellten Szenarien mit der tatsächlichen Entwicklung der Herausforderungen für das Markenmanagement abzugleichen. Während es am Anfang darum geht, aktuelle Trends zu identifizieren und für das Innovationsmanagement nutzbar zu machen, geht es in der späten Phase eher darum, die Stabilität derer zu prüfen, die auf die Ideen- und Produktentwicklung maßgeblichen Einfluss hatten.

Die Pflege einer Innovationskultur im Unternehmen stellt einen ergänzenden Erfolgsfaktor der trendbasierten Produktentwicklung dar. Sie bedingt eine hohe Flexibilität, auch aufgrund flacher Hierarchien, eine konsistente Beobachtung des Marktes und die ganzheitliche Betrachtung des Innovationsmanagements, das auf der normativen, strategischen und operativen Ebene stattfinden sollte.

Insbesondere die wissenschaftliche, aber auch weitere Literatur zu dem Thema Innovationsmanagement mit relevanten Erkenntnissen, ist wenig aktuell. Beispielsweise zeigt ein Arbeitspapier aus dem Jahr 2015 eine Aufstellung über verschiedene wissenschaftliche Modelle zum Innovationsprozess. Mit einer Ausnahme ist jedes dieser Modelle aus dem 20. Jahrhundert (vgl. Hofbauer und Wilhelm 2015, S. 10). Gerade die eingangs beschriebene wachsende Bedeutung von Innovationen und dementsprechend auch von Innovationsmanagement sollte ein Anstoß zur Überprüfung dieser Modelle auf deren Aktualität sein.

Bei Aussagen der Trendforschung ist problematisch, dass diese in Teilen eine geringe wissenschaftliche Fundierung aufweisen. Dadurch, dass keine übergreifend einheitlichen Forschungsregeln definiert sind, wird die mögliche Prüfung der Validität ihrer Aussagen erschwert. Die Inhalte dieses Essentials stellen aus diesem Grund Häufungen aus trendforschungsbezogener Literatur in einen wissenschaftlichen Kontext und können hoffentlich die Erfordernis einer empirisch möglichst repräsentativen und belastbaren Trendforschung unterstreichen.

Was Sie aus diesem *essential* mitnehmen können

- Das holistische Innovationsmodell hilft bei der Risikoreduktion im Innovationsmanagement.
- Das Modell zeigt, wie die seriöse Trendanalyse fest in das Management von Innovationen integriert werden sollte.
- Die Trendforschung bietet vielfältige Möglichkeiten zur Leitung und Absicherung lang- und mittelfristiger Innovationsentscheidungen.

© Springer Fachmedien Wiesbaden GmbH 2018
C. Duncker und L. Schütte, *Trendbasiertes Innovationsmanagement,*
essentials, https://doi.org/10.1007/978-3-658-19871-8

Literatur

Albers, S., & Gassmann, O. (2005). Technologie- und Innovationsmanagement. In S. Albers & O. Gassmann (Hrsg.), *Handbuch Technologie- und Innovationsmanagement* (S. 3–21). Wiesbaden: Gabler.

Albrecht, M. (2008). Solide Prognosen oder modisches Getue? *Absatzwirtschaft,* 44–45 (Sonderheft Media & Research).

Ascheberg, C. (2009). Veränderte Prämissen in der Markenführung: Die Marke als Baustein individueller Verbraucherwelten. In F. Keuper, J. Kindervater, H. Dertinger, & A. Heim (Hrsg.), *Das Diktat der Markenführung. 11 Thesen zur nachhaltigen Markenführung und -implementierung. Mit einem Umfassenden Fallbeispiel der Loewe AG* (S. 97–109). Wiesbaden: Gabler.

Aumayr, K. (2013). *Erfolgreiches Produktmanagement. Tool-Box für das professionelle Produktmanagement und Produktmarketing* (3. Aufl.). Wiesbaden: Springer Gabler.

Becker, J. (2013). *Marketing-Konzeption. Grundlagen des zielstrategischen und operativen Marketing- Managements* (10. Aufl.). München: Vahlen.

Belz, C., & Schögel, M. (2007). Beispiele zu innovativem Marketing. In C. Belz, M. Schögel, & T. Tomczak (Hrsg.), *Innovation Driven Marketing. Vom Trend zur innovativen Marketinglösung* (S. 197–203). Wiesbaden: Gabler.

Belz, C., Schögel, M., & Tomczak, T. (Hrsg.). (2007). *Innovation Driven Marketing. Vom Trend zur innovativen Marketinglösung.* Wiesbaden: Gabler.

Boutellier, R., Barodte, B., & Fischer, A. (2013). Risikomanagement in der Innovation. In O. Gassmann, & P. Sutter (Hrsg.), *Praxiswissen Innovationsmanagement. Von der Idee zum Markterfolg* (3. Aufl., S. 53–68). München: Hanser.

Bruhn, M. (2014). *Marketing. Grundlagen für Studium und Praxis* (12. Aufl.). Wiesbaden: Springer Gabler.

Burmann, C., Halaszovich, T., Schade, M., & Hemmann, F. (2015). *Identitätsbasierte Markenführung. Grundlagen – Strategie – Umsetzung – Controlling* (2. Aufl.). Wiesbaden: Springer Gabler.

Cuhls, K. (2009). Delphi-Befragung in der Zukunftsforschung. In R. Popp & E. Schüll (Hrsg.), *Zukunftsforschung und Zukunftsgestaltung* (S. 207–222). Heidelberg: Springer.

Deckers, R., & Heinemann, G. (2008). *Trends erkennen — Zukunft gestalten. Vom Zukunftswissen zum Markterfolg.* Göttingen: BusinessVillage.

© Springer Fachmedien Wiesbaden GmbH 2018
C. Duncker und L. Schütte, *Trendbasiertes Innovationsmanagement,*
essentials, https://doi.org/10.1007/978-3-658-19871-8

Disselkamp, M. (2012). *Innovationsmanagement. Instrumente und Methoden zur Umsetzung im Unternehmen* (2. Aufl.). Wiesbaden: Springer Gabler.

Duncker, C. (2014). Nur mit echtem Mehrwert. *Markenartikel,* 50–52 (Sonderausgabe „111 Jahre Markenverband").

Duncker, C., & Brandt, H. (2015). Werte stärken Markenkraft. *Markenartikel, 11,* 78–81.

Duncker, C., & Röseler, U. (2011). Markenführung und Marketing – alles eins? *Absatzwirtschaft, 11,* 34–36.

Esch, F.-R. (2014). *Strategie und Technik der Markenführung* (8. Aufl.). München: Vahlen.

Faith Popcorn (2017). 17 trends: Cocooning. http://www.faithpopcorn.com/index. php?option=com_content&view=article&id=194&Itemid=627. Zugegriffen: 15. Juni 2017.

Fantapié Altobelli, C. (2011). *Marktforschung. Methoden – Anwendungen – Praxisbeispiele* (2. Aufl.). Konstanz: UVK.

Franzen, O., & Strehlau, R. (2015). Mehr Harmonisierung durch Grundsätze. *Absatzwirtschaft, 11,* 57–58.

Future Candy UG (2017). *Startseite.* www.futurecandy.com. Zugegriffen: 15. Juni 2017.

Gassmann, O. (2013). Innovation: Zufall oder Management? In O. Gassmann & P. Sutter (Hrsg.), *Praxiswissen Innovationsmanagement. Von der Idee zum Markterfolg* (3. Aufl., S. 1–24). München: Hanser.

Gassmann, O., & Sutter, P. (2013). *Praxiswissen Innovationsmanagement. Von der Idee zum Markterfolg* (3. Aufl.). München: Hanser.

Gassmann, O., & Wecht, C. H. (2013). Technologiestrategie: Von der Vision zur Aktion. In O. Gassmann & P. Sutter (Hrsg.), *Praxiswissen Innovationsmanagement. Von der Idee zum Markterfolg* (3. Aufl., S. 25–36). München: Hanser.

Geschka, H., Hahnenwald, H., & Schwarz-Geschka, M. (2013). Szenariotechnik. In O. Gassmann & P. Sutter (Hrsg.), *Praxiswissen Innovationsmanagement. Von der Idee zum Markterfolg* (3. Aufl., S. 97–112). München: Hanser.

Großklaus, R. H. G. (2014). *Von der Produktidee zum Markterfolg. Innovationen planen, einführen und erfolgreich umsetzen* (2. Aufl.). Wiesbaden: Springer Gabler.

Haller, P., & Twardawa, W. (2014). *Die Zukunft der Marke: Handlungsempfehlungen für eine neue Markenführung.* Wiesbaden: Springer Gabler.

Hauschildt, J., Salomo, S., Schultz, C., & Kock, A. (2016). *Innovationsmanagement* (6. Aufl.). München: Vahlen.

Hofbauer, G., & Sangl, A. (2011). *Professionelles Produktmanagement: Der prozessorientierte Ansatz, Rahmenbedingungen und Strategien* (2. Aufl.). Erlangen: Publicis.

Hofbauer, G., & Wilhelm, A. (2015). *Innovationsprozesse erfolgreich managen – ein Praxisabgleich für die frühe Phase des Innovationsmanagements. Arbeitsberichte – Working Papers, 2015*(35). Ingolstadt: Technische Hochschule.

Hofbauer, G., Pattloch, A., & Stumpf, M. (Hrsg.). (2013). *Marketing in Forschung und Praxis. Jubiläumsausgabe zum 40-jährigen Bestehen der Arbeitsgemeinschaft für Marketing.* Berlin: uni-edition.

Horx, M. (2010). *Trend-Definitionen.* Horx Zukunftsinstitut GmbH. http://www.horx.com/zukunftsforschung/Docs/02-M-03-Trend-Definitionen.pdf. Zugegriffen: 10. Juni 2017.

Horx, M. (2014). *Das Megatrend Prinzip. Wie die Welt von morgen entsteht.* München: Pantheon.

Horx, M. (2016). *Webseite.* http://www.horx.com. Zugegriffen: 10. Juni 2017.

Kamps, U. (2016). Trend. Springer Gabler Verlag (Hrsg.), *Gabler Wirtschaftslexikon*. http://wirtschaftslexikon.gabler.de/Archiv/57588/trend-v11.html. Zugegriffen: 09. Juni 2017.

Kaschny, M., Nolden, M., & Schreuder, S. (2015). *Innovationsmanagement im Mittelstand – Strategien, Implementierung, Praxisbeispiele*. Wiesbaden: Springer Gabler.

Kerth, K., Asum, H., & Stich, V. (2015). *Die besten Strategietools in der Praxis* (6. Aufl.). München: Hanser.

Kirchgeorg, M. (2016). Cocooning. In Springer Gabler Verlag (Hrsg.), *Gabler Wirtschaftslexikon*. http://wirtschaftslexikon.gabler.de/Definition/cocooning.html. Zugegriffen: 09. Juni 2017.

Koch, J. (2009). *Marktforschung. Grundlagen und praktische Anwendungen* (5. Aufl.). München: Oldenbourg.

Koch, K.-D. (2014). *Was Marken unwiderstehlich macht. 101 Wege zur Begehrlichkeit* (3. Aufl.). Zürich: Orell Füssli.

Leinwand, P., Mainardi, C., & Kleiner, A. (2017). Entdecke die Möglichkeiten. *Harvard Business Manager*, 48–61 (Spezial 2017: Strategie).

Leisse, O. (2012). *Be prepared. 30 Trends für das Business von morgen*. Freiburg: Haufe-Lexware.

Maier, G. W. (2017). Projektion. In Springer Gabler Verlag (Hrsg.), *Gabler Wirtschaftslexikon*. http://wirtschaftslexikon.gabler.de/Definition/projektion.html. Zugegriffen: 20. Juli 2017.

Meffert, H., Burmann, C., & Kirchgeorg, M. (2015). *Marketing. Grundlagen marktorientierter Unternehmensführung. Konzepte – Instrumente – Praxisbeispiele* (12. Aufl.). Wiesbaden: Springer Gabler.

Mićić, P. (2007). *Das ZukunftsRadar: Die wichtigsten Trends, Technologien und Themen für die Zukunft* (2. Aufl.). Offenbach: Gabal.

Mićić, P. (2014). *Die fünf Zukunftsbrillen* (3. Aufl.). Offenbach: Gabal.

Mieke, C., & Nagel, M. (2015). *Methoden zum Innovationsmanagement. Innovation konkret*. Konstanz: UVK.

MpFS (Medienpädagogischer Forschungsverbund Südwest) (2016). JIM- Studie 2016. http://www.mpfs.de/fileadmin/files/Studien/JIM/2016/JIM_Studie_2016.pdf. Zugegriffen: 10. Juni 2017.

Müller, T., & Schroiff, H.-W. (2013). *Warum Produkte floppen. Die 10 Todsünden des Marketings*. Freiburg: Haufe.

Müller, A. W., & Müller-Stewens, G. (2009). *Strategic Foresight. Trend- und Zukunftsforschung in Unternehmen – Instrumente, Prozesse, Fallstudien*. Stuttgart: Schäffer-Poeschel.

Müller-Prothmann, T., & Dörr, N. (2014). *Innovationsmanagement. Strategien, Methoden und Werkzeuge für systematische Innovationsprozesse* (3. Aufl.). München: Hanser.

Naisbitt, J., & Naisbitt, D. (2016). High touch/high tech. *GDI Impuls, 1*, 12–17.

Popp, R., & Zweck, A. (Hrsg.). (2013). *Zukunftsforschung im Praxistest*. Wiesbaden: Springer VS.

Raab, G., Unger, A, & Unger, F. (2009). *Methoden der Marketing-Forschung. Grundlagen und Praxisbeispiele* (2. Aufl.). Wiesbaden: Gabler.

Raymond, M. (2014). *The trend forecaster's handbook*. London: Lawrence King Publishing.

Roos, M. (2015). Innovation allein ist nicht alles. *Absatzwirtschaft, 4*, 40–41.

Rust, H. (2008). *Zukunftsillusionen. Kritik der Trendforschung*. Wiesbaden: VS Verlag für Sozialwissenschaften.

Scheier, C., & Held, D. (2012). *Was Marken erfolgreich macht. Neuropsychologie in der Markenführung* (3. Aufl.). Freiburg: Haufe-Lexware.

Schögel, M. (2007). Von Trends zu Konzepten. In C. Belz, M. Schögel, & T. Tomczak (Hrsg.), *Innovation Driven Marketing. Vom Trend zur innovativen Marketinglösung* (S. 327–342). Wiesbaden: Gabler.

Schüll, E. (2009). Zur Forschungslogik explorativer und normativer Zukunftsforschung. In R. Popp & E. Schüll (Hrsg.), *Zukunftsforschung und Zukunftsgestaltung* (S. 223–234). Heidelberg: Springer.

Schwarz, J. O. (2009). „Schwache Signale" in Unternehmen: Irrtümer, Irritationen, Innovationen. In R. Popp & E. Schüll (Hrsg.), *Zukunftsforschung und Zukunftsgestaltung* (S. 245–254). Heidelberg: Springer.

Schwarz, E. J., Krajger, I., & Holzmann, P. (2016). Prozessmodell zur systematischen Geschäftsmodellinnovation. In P. Granig, E. Hartlieb, & D. Lingenhel (Hrsg.), *Geschäftsmodellinnovationen* (S. 65–77). Wiesbaden: Springer Gabler.

Simon, W. (2011a). *Gabals großer Methodenkoffer. Zukunft: Grundlagen und Trends.* Offenbach: Gabal.

Simon, W. (2011b). *Gabals großer Methodenkoffer. Zukunft: Konzepte, Methoden, Instrumente.* Offenbach: Gabal.

GmbH, Springer Fachmedien Wiesbaden (Hrsg.). (2013). *Kompakt-Lexikon Marketingpraxis.* Wiesbaden: Springer Gabler.

GmbH, Springer Fachmedien Wiesbaden (Hrsg.). (2014). *Kompakt-Lexikon Wirtschaft* (12. Aufl.). Wiesbaden: Springer Gabler.

Stahl, M., & Meyer-Höllings, U. (2013). Empathic Design in der BMW Group. In O. Gassmann & P. Sutter (Hrsg.), *Praxiswissen Innovationsmanagement. Von der Idee zum Markterfolg* (3. Aufl., S. 129–142). München: Hanser.

Trommsdorff, V., & Steinhoff, F. (2013). *Innovationsmarketing* (2. Aufl.). München: Vahlen.

Vahs, D., & Brem, A. (2015). *Innovationsmanagement. Von der Idee zur erfolgreichen Vermarktung* (5. Aufl.). Stuttgart: Schäffer-Poeschel.

Voeth, M., & Herbst, U. (2013). *Marketing-Management. Grundlagen, Konzeption und Umsetzung.* Stuttgart: Schäffer-Poeschel.

Weinmaier, K. (2016). Auf Touren. *Brand Eins, 4,* 16–20.

Wentz, R.-C. (2008). *Die Innovationsmaschine. Wie die weltbesten Unternehmen Innovationen managen.* Heidelberg: Springer.

Wichert, C. (2007). Markenführung und Innovation: Eine Liebe mit Hindernissen? *Innovation Management, 4,*50–55.

Wolfrum, B. (2013). Open Innovation – Ein neues Erfolgsparadigma für Innovationsprozesse? In G. Hofbauer, A. Pattloch, & M. Stumpf (Hrsg.), *Marketing in Forschung und Praxis. Jubiläumsausgabe zum 40-jährigen Bestehen der Arbeitsgemeinschaft für Marketing* (S. 83–100). Berlin: uni-edition.

Zukunftsinstitut GmbH (2016). *Startseite.* www.zukunftsinstitut.de. Zugegriffen: 10. Juni 2017.

Zweck, A. (2009). Foresight, Technologiefrüherkennung und Technologiefolgenabschätzung. In R. Popp & E. Schüll (Hrsg.), *Zukunftsforschung und Zukunftsgestaltung* (S. 195–206). Heidelberg: Springer.

Weiterführende Literatur

Neuhaus, C. (2009). Zukunftsbilder in der Organisation. In R. Popp & E. Schüll (Hrsg.), *Zukunftsforschung und Zukunftsgestaltung* (S. 175–194). Heidelberg: Springer.

Reichwald, R., & Piller, F. T. (2009). *Interaktive Wertschöpfung – Open Innovation, Individualisierung und neue Formen der Arbeitsteilung* (2. Aufl.). Wiesbaden: Gabler.

Tabatabai, S., De la Cruz, M., & Vu, M. (2014). Produkte systematisch entwickeln. *Controlling & Management Review, 4,* 24–31.

Weiterführende Literatur

Printed in the United States
By Bookmasters